법정에서 못다 한 이야기

법정에서 못다 한 이야기

판사에게는 당연하지만
시민에게는 낯선 법의 진심

박형남 지음

Humanist

판사는 왜 시민과 다르게 생각하는가

나는 법정에서 재판하는 사람이다. 특별한 재능이 없어 공부나 하면서 역사학자가 되겠다는 꿈을 버리고 부모님 뜻에 따라 법 과대학에 들어갔다. 처음에는 힘들었지만 법서를 읽다 보니 사법 시험에 합격했고, 사법연수원에서 적절한 성적이 나와 법복을 입 었다. 법관이 어떤 일을 하는지는 책에서 배웠으나, 이렇게까지 고민하고 회의를 거듭할 수밖에 없는 직업인지는 미처 몰랐다. 미리 알았더라면 이 길을 선택하지 않았을 것이다.

얼마간은 일을 배우느라 다른 데 신경 쓸 겨를이 없었고, 경력 이 쌓여 단독 판사와 합의부 재판장 직책을 맡으면서부터 소소 한 권력을 느끼기도 했다. 사건 기록을 읽고 검토하며 사실관계 나 유무죄에 대한 심증을 얻을 때 기뻤고, 헤아릴 수 없이 복잡한 법리를 배우고 익히며 판결문을 작성할 때 뿌듯했다. 이따금 이런 재판이 어떻게 시민에게 행위 기준을 제시하고 사회공동체에 정의를 구현하는 것인지 의문이 들었지만, 일에 파묻힌 판사에겐 잠시 스쳐 지나가는 바람이었다.

그런데 언제부턴지 재판에 대한 시민의 불만과 불신의 목소리가 들렸다. 주변을 살펴보니 재판 결과에 만족하는 사람은 드물었던 반면, 판사의 편향된 생각이나 엉터리 재판으로 패소했다며 억울함을 하소연하는 사람은 많았다. 몇 년 전 이른바 '사법농단' 사건이 터지자 그 소리는 더욱 커졌다. 직접 관여되지는 않았으나 오랫동안 재판만 한 사람으로서 무엇이 잘못되었고 어디서부터 풀어야 하는지 찬찬히 생각하고 또 고민했다. 이 책은 이런 생각과 고민의 결과물이다.

서울 서초동에는 '법조계'라는 철옹성이 있다. 검사와 변호사도 많지만, 그 가운데에는 판사와 그들이 거주하는 법원이 있다. 철옹성에 사는 사람은 시민이 잘 알지 못하는 '법'이라는 무기를 갖고 있다. 그들은 엄숙한 표정을 짓고 법이 있어야 사회질서를 바로잡고 평화를 유지할 수 있으며, 자기네만이 법을 해석하고 판단할 권한이 있다고 말한다. 그러면서도 근거는 무엇이며 얼마나 타당한지 제대로 이야기한 적이 없다. 그저 대안이 없으니 믿고 결과에 승복하라는 것뿐이었다. 하지만 그들의 기대와는 달리, 이제 곧이곧대로 믿는 시민은 거의 없다. 언론이나 시민 단체도 '법의 신탁(神託)'을 그대로 전하지 않고, 철옹성에 사는 코끼리의 정체와 행태, 코끼리가 처리한 일의 시시비비를 따지기 시작했다.

어떤 이는 성적만으로 코끼리를 뽑는 게 문제라고 말한다. 어떤 이는 엘리트라 자부하는 코끼리가 세상 물정을 몰라 엉터리로 재판한다고 지적한다. 어떤 이는 코끼리끼리만 말과 이권을 주고받으며 '불멸의 신성가족'이 되었다고 목소리를 높인다. 어떤 이는 코끼리가 약자에게는 강하고 강자에게는 약하다고 비난한다. 이런 말은 나름대로 일리가 있지만, 먼저 살펴볼 게 있다. 코끼리의 생각과 사고방식은 시민과 어떻게 다르며 그 이유는 무엇인가? 그들이 재판하는 방식에 따라, 코끼리에게도 변명할 기회를 주고 얼마나 옳고 그른지 차근차근 따져보는 게 일의 선후가 아닐까.

우리는 코끼리가 차가운 머리만이 아니라 따뜻한 가슴도 함께 갖고 있어야 한다고 생각한다. 재판이 사람들 마음에 와닿으려면 법적 논리와 논증도 필요하지만, 따뜻한 마음과 섬세한 눈으로 공감하고 소통하는 것이 더 중요하다고 믿는다. 이 책은 철옹성의 기본 얼개와 코끼리의 사고방식을 네 개의 장으로 나누어, 판사는 당연하다고 배웠지만 시민에겐 의문이 들거나 다르게 생각할 수 있는 것만 골라서 썼다. 그것만이라도 오해가 풀린다면, 철옹성의 높은 담은 낮아질 것이라고 생각한다.

1장에서는 형벌을 섬세하게 사용해야 한다는 것을 기본으로 삼아 검사, 구속, 유무죄, 양형, 소년보호사건을 살펴보았다. 2장에서는 민법이 사람을 합리적·이기적 인간으로 본다는 전제 아래 경청, 법리와 판례, 전문 재판, 개인 파산 사건을 적어보았다. 3장에서는 법과 사법의 기본 원리를 정의와 공감, 법 절차, 법적 안정성, 법치주의, 법과 정치로 나누어서 성찰해보았다. 4장에서는 시민과의 소통과 신뢰, 판사의 독립과 양심을 검토하고 판사가 그린 자화상을 소개했다. 7년 전 법원장으로서 시민에게 〈사법과 재판에 대한 열 가지 오해와 이해〉라는 제목으로 강연했는데, 거기서 많은 힌트와 영감을 얻을 수 있었다. 마지막으로 김현섭 교수님과 함께 대담을 하면서 재판의 핵심을 곱씹어보았다. 이 책에서는 법률 개념과 법리에 대한 전문적인 설명은 필요한 경우에만 적었고, 실제 재판 사례나 역사적 사실을 많이 알리려고 노력했다. 판사를 비롯해서 법 전문가 대부분이 동의할 수 있는 시각으로 바라보았지만, 올바르다고 생각하는 방향도 제시했다. 우리 시대 법과 재판은 모든 시민의 인권을 보장하고 민주주의를 실제 생활에서 구현하는 데 긍정적으로 기여해야 한다고 믿는다. 지금 여기서 작동하는 사법의 모습과 판사의 사고방식을 비판적으로 살폈는데, 이따금 이 세상과 사람을 바라보는 필자의 시선도 드러냈다. 무엇보다도 재미있게 읽을 수 있도록 사람 냄새 나는 글을 써보려고 애썼다.

이 책을 쓰면서 판사와 법학자가 쓴 책과 논문을 다시 읽었고,

인터넷을 검색해서 사법과 재판에 대해 언론이 전하는 시민의 생각을 찾아보았다. 그러면서 전문분야를 깊게 파고드는 판사와 법학자의 지혜와 고민을 새롭게 느꼈다. 하지만 상당수의 판사와 법학자에게 법의 근본원리와 기초에 대한 인문학적·법철학적 성찰이 부족하고 시민과 함께 섞이며 어울리지 않으려는 모습이 보이는 것은 너무 안타까웠다. 시민이 판사와 재판을 믿지 않는 데는 그만한 이유가 있다. 법원까지 온 사연을 풀어내기에는 법정에서 주어진 시간이 너무 짧았고, 상식이나 통념에 어긋나는 결론을 내리는 경우에도 이유를 친절하게 말하지 않았기 때문이다.

필자도 원인을 제공한 코끼리 중 하나다. 오늘도 법정에 들어가기 때문에 밝히지 않았지만, 직무상 저지른 잘못이나 실수가 한둘이 아니다. 이 책은 그동안 주권자인 시민에게 진 빚을 갚으려고 처음 시도하는 것이라서, 글쓴이로서 아쉬운 점이 많다. 다양하고 깊은 시각과 내용으로 법과 재판의 고갱이를 알리는 책이 드라마의 후속편처럼 잇달아 나오길 기대한다.

현직 판사로 두 번째 책을 내는 데 많은 분의 도움을 받았다. 유설희 기자님은 망설이는 필자에게 강연 내용을 글로 정리하라고 권유하고 자매지의 지면을 확보해주셨다. 이호근 교수님은 초고를 일일이 보시고 때로는 격려하고 때로는 비판하면서 생각의 깊이를 보여주셨다. 김현섭 교수님은 철학자의 깊은 시각으로 판결이 갖추어야 할 설득과 감정을 논평해서 책의 수준을 높여주셨다. 전상현 교수님은 초고에 있는 법적 오류를 일일이 알려주어서 책의 완성도를 더해주셨다. 이름을 밝히길 원하지 않는 판사님들도 여러 면에서 도와주셨다. 아마도 휴머니스트 편집부와의 약속과 믿음이 없었더라면 필자가 만용을 부리지 않았으리라. 이 모든 분께 감사드린다.

차례

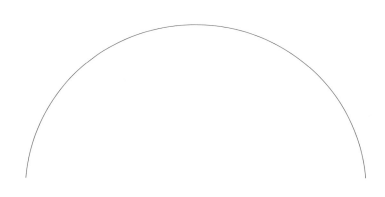

1장
—

다른 사람의 잘못을
판단한다는 것

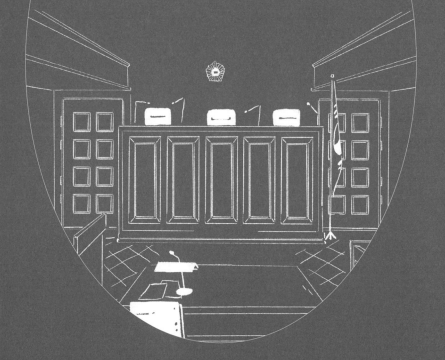

실체적 진실이 객관적으로 존재하고 재판을 통해서

그대로 찾아낼 수 있다고 생각할수록 판사는 오판에 빠질 위험이 있다.

사람이 가지고 있는 인식능력의 한계에 비추어볼 때

절대적 진실의 발견은 불가능하다. 판사도 예외가 아니다.

법조계에서 흔히 하는 말대로, 사실관계에 대해서는

사건 당사자가 제일 많이 알고, 그다음은 변호사이며,

가장 사건을 잘 모르는 판사가 결론을 내린다.

검사는
사법부가 아니다

"판사님 강연을 듣고 확실하게 알았네요. 사법부는 판사뿐이고, 검사는 행정부 소속이라는 사실을."

5년 전 새내기 대학생을 상대로 한 법률 강연이 끝나자 참관 교수님께서 건넨 말이다. 전공이 다르긴 하지만 지식인도 잘 구분하지 못하는 것을 보고 무엇이 문제인지 생각해보았다. 나중에 여러 사람에게 물어보았는데, 판사와 검사의 소속이 어디고 어떻게 다른지 정확하게 알아맞히는 사람은 많지 않았다. 초등학교 때부터 사회 교과서에서 배웠을 텐데, 현실과 다르기 때문일까?

곰곰이 생각해보니 잘못 알고 있는 데는 다 이유가 있었다. 판사와 검사는 법을 공부해서 같은 사법시험이나 변호사시험에 합격하고, 사법연수원이나 법학전문대학원에서 함께 배운다. 게다가 바로 옆에 붙어 있는 건물에서 일하면서 죄를 저지른 사람에게 벌을 준다. 옛날에는 정문까지 같았는데, 지금은 건물을 신축할 때 정문을 따로 둔다.

언론이나 시민은 '판검사' 또는 '검판사'로 집합명사처럼 부르면서 비슷하게 대우한다. 큰 사건이 터질 때마다 언론은 "검찰, 아무개 재소환, 조만간 사법 처리"라는 제목으로 보도한다. 정치권도 '사법 개혁', '검찰 개혁', '법원 개혁'이라는 말을 명확히 구분하지 않는 듯하다. 이런 상황에서 국가권력의 한 축인 사법부가 밖으로 드러내길 꺼리는 판사들로만 구성된다는 이야기가 오히려 이상하게 들릴지 모르겠다.

판사와 검사는 어떻게 분리되었나

조선시대 사극을 보면 고을 원님이 범인을 잡아서 취조하고 을러대서 자백받고 형을 선고하고 감옥에 가두는 일을 도맡아 한다. 지금으로 치면 경찰서장, 검사, 판사, 교도소장이 한 몸인 셈이다. 원님이 본래 하는 일은 고을을 다스리는 것이므로 군수와 세무서장까지 겸한 모양새다. 조선시대 암행어사 박문수나 《춘향전》의 이몽룡, 중국 송나라 판관인 포청천은 검사일까 판사일까? 이렇게 죄인에게 벌을 주는 권력이 나뉘지 않은 사회에서는 억울하고 무고한 사람이 처벌받는 경우가 많을 수밖에 없다. 죄인이라고 잡아들여 가혹하게 조사하고 때로는 고문까지 한 원님이, 나중에 결백함이 드러나더라도 죄가 없다면서 그대로 풀어주는 경우는 많지 않았으리라. 드라마에서 흔히 보듯이, 어떻게든 무거운 형을 선고해서 입을 틀어막거나 괘씸죄라도 걸어 곤장을 때린 후 석방의 은전을 베풀지 않았을까.

이런 모습은 서양에서도 비슷했다. 중세 말기 종교적 이단자나 사회적 약자를 마녀로 몰아 없는 죄를 뒤집어씌운 마녀재판이 대표적이다. 종교 재판관이 이단자나 마녀를 조사하고 심판하고 벌을 집행하는 것을 혼자서 처리했다. 러시아 대문호 표도르 도스토옙스키(Fyodor Mikhailovich Dostoevsky, 1821~1881)는 《카라마조프가의 형제들》에서 에스파냐 세비야에 재림한 예수를 추궁하는 종교 재판관을 생생하게 묘사한다.

근대에 들어와 3대 시민혁명(영국의 명예혁명, 프랑스의 대혁명, 미국의 독립전쟁)의 결과, 법으로 개인의 인권을 보장하고 권력을 통제한다는 법치주의를 받아들였다. 그와 더불어 국가권력을 입법부와 행정부, 사법부로 나누고 서로 견제와 균형을 이루도록 하는 삼권분립을 채택했다. 이에 따라 범인을 처벌하는 사람과 재판하는 사람을 나누어야 했으므로, 오로지 재판하는 일만 하는 판사는 국왕(행정부)의 품에서 벗어나 독자적으로 사법부를 구성했다. 행정부에는 사법부에 범인을 넘기는 공무원, 즉 기소를 전담하는 검사를 두었다. 이렇게 기소를 전담하는 검사와 유무죄를 판단하고 형을 정하는 판사가 구분되었고, 업무와 권한이 달라졌으며, 그에 따른 윤리와 책임도 달라졌다.

한반도에는 1895년 갑오개혁의 개혁법률 제1호로 '재판소구성법'이 제정되면서 판사와 검사라는 직책이 처음 등장했다. 시대에 따라 다소 변동은 있었지만, 검사는 형사절차 전반에 걸쳐 검찰권을 행사하는 국가기관으로서 형사사법의 중추적인 기능을 담당했다. 검찰청법에서 공익의 대표자로 자리매김한 검사는 수사의 시작, 수사 방법 선택, 구속영장 청구, 기소 여부 선택, 공판 진행, 재판 집행 등에 대해 직무상 권한이 있다. 대한민국 검찰의 권한은 다른 나라보다 집중되어 있고, 이들은 수사와 형사재판 과정을 주도한다. 게다가 수사와 재판 과정의 브리핑, 공소 제기 전 피의 사실 공표, 소환 사실 공표 등으로 여론을 유도하기도 한다. 현실을 살펴보면, 검사가 형사사법에서 입법·행정·사법적 권한을 사실상 다 갖고 있다고 생각한다.

국회 법제사법위원회 소속 의원은 검사 출신이 많다. 법무부는 수많은 행정부 내부, 유관 기관과 깊은 관계를 맺고 있다. 형사재판의 집행 권한이나 교도소의 구치소 운영도 전담한다. 우리나라 형사사법에서 검사들이 의원이 되어 법도 만들고, 수사도 하고, 행정적으로 지원하고 집행해서 제대로 견제받지 않았다는 게 문제의 핵심이다. 민주화를 거치면서 경찰이나 정보기관의 영향력은 줄어들었고, 법원은 기소한 사건만 재판하기 때문에 검사의 막강한 권한을 견제하는 데 한계가 있다.

한편 만성적인 권력형 비리나 정경유착 등 부정부패, 정치권의 구조적인 금권선거 풍토는 사정 기관으로서 검찰의 힘을 더욱 늘어나게 한다. 이런 상황에서 검찰 개혁이 시대적 과제로 진행되고 있는데, 상당한 시간과 진통을 겪은 후에야 제대로 정착될 것이다.

검찰이 국민의 신뢰를 얻으려면

대한민국에서 판사는 사법부 소속으로 대법원장이 임명하고 보직을 정하며, 검사는 행정부 중 하나인 법무부 소속으로 대통령이 임명하고 주요 보직을 정한다. 재판에 대해 검사는 원칙적으로 민사·행정·가사 재판에는 관여하지 못하고 형사재판에만 관여한다. 최근 검경 수사권 논쟁을 논외로 하면, 형사절차 중에서 수사와 기소는 검사가 주재하되, 판사는 검사의 각종 영장 청구에 대한 실질 심사 및 검사의 부당한 불기소처분을 심사해서 강제로 기소하는 준기소명령으로 검사가 한 결정의 적법성을 심사하고 통제한다. 형사재판은 법정에서 판사가 주재하되, 검사는 공소를 유지하고 적절한 형이 선고되도록 촉구한다. 재판 단계에서는 공정하게 판단하는 것이 중요하므로 판사가 '사법의 독립'과 '양심'을 지키는 것이 중요하다. 수사와 기소 단계에서는 검사가 권력형 부패나 정치인을 수사할 때 '정치적 중립'을 엄격하게 지키는 것이 요체다.

검찰권의 엄청난 영향력을 생각하면, 미국 법무부 장관(검찰총장 겸임)을 지내고 나중에 대법관이 된 로버트 잭슨(Robert H. Jackson, 1892~1954)의 말을 곱씹어볼 필요가 있다.

검사는 피고인을 고를 수 있다. 거기에 검사의 가장 위험한 권력이 있다. 그는 기소할 사건을 고르기보다 기소할 사람을 고른다. 지배 그룹이나 권력자의 마음에 들지 않거나 정치적으로 바른 견해를 가졌다거나 개인적으로 불쾌감을 준다거나 검사에게 방해가 되는 것이 진짜 범죄로 변하게 된다.[1]

언론 기사를 보면 검사에게도 정권(행정부)의 영향을 받지 않는다는 뜻의 독립이 자명함을 전제로 쓴 글이 있다. 검찰청법은 정치적 중립만 명시하고 정치적 독립에 대해서는 명확히 규정하지 않는다. 따라서 정치적 독립을 내세우려면 먼저 '검사 독립'의 근거와 내용은 무엇인지, '판사 독립'과는 어떤 차이가 있는지부터 설명하고 논증해야 한다고 생각한다. 대통령이 검찰 인사에 개입하지 말라는 일부 주장은 현행 법률에 어긋난다. 불공정한 인사를 두둔하는 것이 아니라 법치주의에 따른 것이다.

2020년 9월 17일 대한변호사협회 주최로 '검찰총장의 정치적 중립성과 검사 직무수행의 독립성'에 관한 심포지엄이 열렸다. 유럽과 미국에서도 '정치권력의 민주적 통제'와 '검찰의 기능적 독립'이라는 가치가 충돌하면서 논의가 다양하게 전개된다고 한다. 법률 전문의 한 신문은 "법무부 장관의 수사 지휘권 폐지가 글로벌 스탠더드"라고 보도했다. 국민 다수가 그 길을 지지해서 입법화된다면 검찰권을 외부에서 실질적으로 통제하는 수단이 없어진다. 따라서 시민이 검사를 선거로 뽑는 방안을 비롯해서 검찰권의 민주적 정당성과 통제 수단을 어떻게 확보할지도 함께 토론하고 도입해야 할 것이다.

운동경기로 치면 형사재판에서 판사는 심판이고 검사는 한쪽 선수다. 검사의 맞상대는 변호사다. 구속영장이 기각되었다고, 무죄가 선고되었다고, 선고형이 낮다고 법정 밖에서 거친 말로 재판부를 비난하고 언론을 부추기는 것은 스스로 품격을 떨어뜨리고 법에 대한 불신만 조장할 뿐이다. 프로야구나 축구 경기에서 감독이나 주장이 심판의 판정에 항의할 수 있다. 하지만 그것도 운동장 내에서만 가능하고, 심하면 '레드카드'를 받고 퇴장을 당한다. 운동장 밖에서 언론을 통해 심판을 모욕하는 선수나 감독은 없다. 판결이 부당하다고 생각하면 상소하고 상급법원에서 바로잡을 것을 촉구하는 자세가 법치주의이고 법률가가 걸어가야 할 정도(正道)다.

사법부 소속이 아닌데도 행정부를 대표해서 형사재판에 관여하는 검사의 이중적 지위(준사법기관설)를 정립하는 것도 중요한 과제다. 검사에게 부여된 카드 두 장은 권한 확대가 아니라 책임과 소명의식을 느끼고 지켜내는 데 사용되어야 한다. 당연한 말을 새삼스럽게 하는 이유는 그동안 정반대의 모습을 많이 보였기 때문이다.

정치를 맡기면 무엇부터 하겠느냐는 질문을 받고, 공자는 반드시 "이름을 바로잡겠다(正名; 정명)."고 말했다. 정명은 명분과 실제가 합치되게 조정하는 것인데, 쉽게 말하면 각자의 위치에 걸맞은 의무와 직분, 권리를 규정하여 준수하게끔 한다는 것이다. 말도 많고 탈도 많은 사법 개혁이 잘 이루어지려면 검사와 판사의 직분과 직업윤리가 무엇인지부터 제대로 인식해야 한다.

지금부터 언론은 "검사가 수사에 들어갔고 사안이 무거우면 구속영장을 청구할 것" 정도로 보도해야 한다. 앞으로 지을 법원과 검찰청 청사는 미국과 같이 멀리 떨어져 지어야 한다. 대한민국 역사에서 70여 년간 겪었던 애증을 되돌아볼 때 이제 검사와 판사는 졸혼, 정확히 말해 졸연(卒緣)해야 한다. 단 실제 결혼한 부부는 예외다.

삼가고 삼가는 일이야말로
형사재판의 근본이다

몇 년 전 한 갤러리에서 가수 조영남 씨의 화투 그림을 보며 참 기발하다고 생각했다. 몇 년 후 보조 작가를 시켰는데 자신이 그렸다고 속여서 팔았다는 이유로 사기죄로 기소되었을 때 법원이 어떤 결론을 낼지 내심 궁금했다. 선례가 없는 데다가 사안을 보는 판사의 시각이 달라서인지 1심 유죄, 2심 무죄로 결론이 엇갈렸다. 대법원은 2020년 6월 해당 거래에서 보조 작가를 사용해 제작했는지 여부가 구매자들에게 필요하거나 중요한 정보라고 할 수 없다며 무죄를 확정 짓고, 사법부가 회화의 작품성을 판단하는 문제에 대해 이렇게 덧붙였다.

미술 작품 거래에서 기망 여부를 판단할 때 위작 여부나 저작권에 관한 다툼이 없는 한 법원은 전문가 의견을 존중하는 사법자제 원칙을 지켜야

한다. 법률에만 숙련된 사람들이 회화적 가치를 최종적으로 판단하는 것은 위험한 일이다.[2]

회화 전문가는 대부분 결론에 찬동했으며, 언론은 법원의 사법자제를 긍정적으로 평가했다.

"사회가 있는 곳에 법이 있다."라는 말이 있다. 사람들이 모여 살면 일어날 수밖에 없는 분쟁을 해결하고, 범죄로 인해 사회질서가 흔들리는 것을 막기 위해서 법이 필요하다는 뜻이다. 무정부주의자라면 다양한 이론으로 반론을 펴겠지만, 법이 마땅치 않더라도 마지못해 수긍하는 사람이 많을 것이다. 하지만 모든 분쟁을 법정에서, 그것도 형사 법정에서 해결해야 한다고 주장한다면 법으로 먹고사는 법조인 말고는 대부분 반대하리라.

현실은 어떤가. 우리나라는 2019년 한 해 고소 사건이 60만여 건인데, 일본은 1만여 건이다. 2019년 법원에 접수된 민사사건은 475만 건이고 형사사건은 154만 건에 달한다. 어느 검사는 2018년 한 해 사기 고소가 24만여 건인 "대한민국은 사기공화국이다."라고 책에 적었다. 많은 사기 고소 사건을 흥미 있게 풀어낸 후 "법이 궁극적으로 해결해주는 것은 없다. 모든 소송의 승자는 언제나 법률가다."라고 씁쓸하게 말했다.[3] 조영남 사건에서 보조작가는 소송을 하지 않고 사적으로 어느 정도 보상을 받았지만, 감옥에 갈 준비까지 했다는 조영남은 돈깨나 들이면서 피가 말랐을 것이다. 실추된 그의 명예는 무죄판결로 회복되었을까?

갈수록 고소가 늘어나는 이유

왜 이렇게 고소가 많을까? 세상은 더 각박해지고 사람들은 손
해 보거나 지는 것을 참지 못한다. 살인과 상해, 강도와 절도, 성
폭력 등 누가 보더라도 나쁜 사건에서 피해자가 고소하는 것은
정당하다. 하지만 사소한 몸싸움이나 사회 관계망 서비스(SNS)에
서 시비가 벌어진 후 폭행 또는 명예훼손과 모욕으로 고소해서
공권력을 감정 해소와 복수의 수단으로 삼는 것은 문제다. 더 큰
문제는 '민사사건의 형사화'다. 돈을 갚지 않으면 무조건 사기로
고소하고, 동업 관계에서 재산 관리를 맡은 사람과 사이가 벌어
지면 우선 횡령이나 배임으로 고소한다.

먼저 알아야 할 것은 범죄가 성립하려면 가해자의 행위가 형
법이 규정하는 구성요건에 들어맞아야 하고, 나쁜 행위를 행하는
고의가 있어야 한다는 점이다. 빌린 돈을 갚지 않으면 무조건 사
기죄가 되는 것이 아니라, 빌릴 때부터 돈을 갚을 의사나 능력이
없고 그것을 인식하고 있어야 한다. 따라서 돈을 빌릴 당시에는
사업이 정상적으로 운영되었는데 그 후 경제 사정의 변화로 갚을
수 없을 때는 민사상 채무불이행에 불과할 뿐 사기죄가 성립되지
않는다. 횡령죄는 다른 사람의 재물을 보관하는 사람이 돈을 떼어
먹거나 반환을 거부하는 것으로 불법영득의사가 있어야 한다. 따

라서 동업자끼리 투자나 이익을 얻은 부분에 대해 서로의 계산이나 생각이 달라서 정산이 원만하게 이루어지지 않았다면, 나중에 드러난 실제와 다소 차이가 있더라도 불법영득의사가 없어서 횡령죄로 처벌할 수 없다.

이렇게 많은 고소 사건이 형법에서 요구하는 엄격한 구성요건을 갖추지 못해 무혐의 처분을 받는다. 결과에 만족하지 못한 고소인은 법원에 강제로 기소해달라고 재정신청을 내지만, 판사가 받아들이는 사례는 1퍼센트도 되지 않는다. 그런 것을 알면서도 사람들이 고소를 일삼는 이유는 합의를 압박해서 돈을 받아내거나 수사를 민사소송의 증거 수집 수단으로 이용하기 때문이다.

고소 남발은 사회적이거나 정치적인 상황과도 연결된다. 언론이 이슈를 파고들면 누군가 고소장이나 고발장을 들고 검찰청으로 간다. 정치권도 정치적으로 풀어야 할 사안까지 법조문을 꼬치꼬치 따지며 고소한다. 그러면서도 한편으로 검찰이나 법원이 정치를 하고 있다고 비난한다. 예술이나 문학 작품 표절 시비, 친일 역사 논쟁도 형사 문제로 삼는다. 고소인은 말을 할 때마다 정의를 내세우지만, 복수하고 응징하려는 마음에서 나왔으리라. 하지만 형벌을 내려도 형이 약하다고 생각하는 피해자의 복수심은 해소되지 않는다. 기대한 만큼 실망과 불신도 크다.

우리나라 경찰은 수많은 고소 사건을 조사하기에 바쁘다. 검찰도 경찰의 수사가 미흡하다며 고소인과 참고인, 피의자를 다시 불러 수사하는 경우가 많다. 대형 사건이 터지면 뜨거운 여론을 의식해서인지, 주임 검사는 "나오면 나오는 대로 한다."라고 담대한 포부를 밝힌다. 이렇게 시민들이 세상만사를 형사절차에 맡기면서 '검찰공화국'은 이 땅에 뿌리를 깊게 내렸다.

형법학자들은 형벌이란 조심스럽고 섬세하게 행사되어야 한다고 말한다. 하지만 우리나라 현실은 너무 다르다. 사회 규제의 최후 수단이어야 할 형벌은 어떤 상황에서나 사용되는 마스터키가 되었다(형벌 만능주의). 문제가 터지면 정치권은 해결 방안을 모색하기보다 처벌 조항을 신설하거나 법정형을 올리는 손쉬운 방법에 흔히 의존했다(입법 만능주의, 중형주의). 하지만 법조문상 처벌 대상은 넓지만 실제 처벌은 선별적으로 집행되면서, 시민의 준법정신은 약화되고 법의 실효성은 의심받으며 범죄 예방과 억제 기능은 사라진다.

형사재판에서 법원의 판단은 유죄 아니면 무죄뿐이다. 법리적으로 무죄를 선고하면 '국가 형벌권을 동원할 사안이 아님'을 선언한 것이지만, 사람들은 '아무런 문제가 없음'으로 받아들이고 문제 해결을 위한 추가적인 노력을 하지 않는다. 법원이 유죄를 선고하면 사람들은 문제가 해결되었다고 착각하고, 국가는 자기 역할을 다했다고 생각하면서 문제를 근본적으로 해결하는 데 소홀할 수 있다. '우리나라의 특수한 사정'을 명분으로 검사가 민사 사안까지 조사하고 조정을 시도하는 것은 민사사건의 형사화를 조장하고, 사건 처리에 힘든 검사의 어깨를 더욱 무겁게 한다.

이런 상황에서 형사제재가 약하다며 개인이 '악성 범죄자의 신상 정보를 공개한다'고 주장하는 디지털 교도소까지 등장했다. 하지만 디지털 교도소는 자력구제 금지의 원칙에 위반된다. '용의자'의 혐의 사실을 믿을 만한 근거가 부족해서 신빙성이 떨어지고, 동명이인 등의 이유로 억울한 피해자가 발생할 소지가 많다. 인격적 살인으로까지 이어질 수 있는 범죄행위(명예훼손)를 누가 어떻게 보상할 것인가. 현대판 마녀재판은 어떤 이유로든 허용될 수 없다.

법은 '포정의 칼'처럼 섬세하게 사용되어야 한다

법으로 처벌 대상을 늘리고 형을 올릴수록, 사람들은 양심과 도덕은 팽개친 채 수단과 방법을 가리지 않고 법망만 피하려 애쓸 것이다. 따라서 판사는 형사법을 해석하고 적용할 때 형벌 만능주의를 경계하며 처벌이 필요하고 적절한지 예민하게 살펴야 한다. 형벌은 사회문제를 해결하기 위한 '최후의 보충 수단'이다. 경영자가 기업의 이익을 위해 신중하게 판단해서 결정했다면, 나중에 예측이 빗나가 기업에 손해가 발생했더라도 배임죄로 처벌할 수 없다(경영판단의 원칙). 회사에 손해를 끼쳤다는 이유만으로 형사책임을 묻는다면 기업가정신이 위축될 수 있기 때문이다. 노동조합이 부당하게 파업했더라도, 사용자가 예측할 수 없는 때 이루어져 사업 운영에 많은 혼란이나 손해를 입힐 경우에만 업무방해죄로 처벌할 수 있다. 헌법상 보장된 노동자의 노동쟁의권을 넓게 보장하기 위해서다.

헌법재판소는 2009년 사생활의 내밀한 영역인 성행위에 국가가 간섭하는 혼인빙자간음죄를 위헌이라고 판단했고, 2015년 당사자의 의사에 맡겨져야 하는 혼인과 가정생활 유지에 국가가 개입하는 간통죄도 위헌이라고 결정했다. 헌법재판소가 2019년 낙태죄 헌법불합치 결정을 내리자, 정부가 낙태 허용 시점을 3단계로 구분해서 허용하거나 처벌하는 법안을 입법예고했다. 여성의 자기결정권과 태아의 생명권을 둘러싸고 논쟁이 일어났다. 가치관이 근본적으로 부딪치므로 국회가 현명하게 법을 만들어야 했는데, 헌법재판소가 정한 시간을 지키지 못해 낙태 행위는 현재 형사법상 법의 공백 지대에 있다.

근대 형벌론의 주춧돌을 놓은 이탈리아 법학자 체사레 베카리아(Cesare Beccaria, 1738~1794)는 1764년 《범죄와 형벌》에서 "형벌은 주어진 사정하에서 가능한 한 최소한의 것이어야 하고, 범죄에 비례하지 않으면 안되며, 성문의 법률에 의해 규정되어야 한다."라고 주장했다.[4] 어느 나라든 '범죄와의 전쟁'을 선포하고 가혹하게 처벌할수록 시민사회는 위축되며 민주주의는 위협받는다. 수사절차와 형사재판은 무혐의와 무죄로 끝나더라도 개인에게 치명상을 입히므로, 장자가 말한 '포정의 칼'처럼 섬세하게 사용되어야 한다. 마지막으로 다산 정약용(丁若鏞, 1762~1836) 선생이 1822년 펴낸 《흠흠신서(欽欽新書)》에서 한 구절과 그 책을 연구한 김호 교수의 설명을 차례로 소개한다.

흠흠이라 한 것은 무슨 까닭인가. 삼가고 삼가는 일이야말로 형벌을 다스리는 근본이기 때문이다.[5]

다산에게 진정한 흠흠이란 단지 너그럽게 용서하는 게 아니었으며, 엄벌 또한 능사가 아니었다. 일단 용서할 수 있는 경우와 그렇지 않은 경우를 분명히 정해야 하며, 용서할 수 있는 경우에는 감형해야 하지만 그렇지 않다면 정확하게 집행해야 흠흠의 정신을 지킬 수 있다고 주장한 것이다. 다산은 범죄를 처벌할 때는 융통성을 발휘하고 재량껏 판결하되, 원칙을 어기지 않으면서도 시의적절한 태도를 유지하는 '시중(時中)'을 잃지 말아야 한다고 주장했다.[6]

무거운 죄를 저질렀다고
꼭 구속되는 것은 아니다

판사가 쓰는 법률용어가 시민에게는 주술사의 주문처럼 들릴 수 있다. 하지만 유명 정치인이나 재벌 총수에 대해 '구속영장 실질심사'를 한 뒤 영장을 발부하는 '영장 전담 판사'는 언론이 단골 소재로 다루어서인지 많이 알려졌다. 영장 심사는 판사가 하는 일의 1퍼센트도 안 되고, 선진국에서는 상세하게 보도하는 일이 드문 점에 비추어 확실히 이례적이다. 바로 이 모습이 우리나라 형사절차의 현실이고 문제의 본질이라고 생각한다.

조선시대 원님은 혼자 북 치고 장구 치듯, 죄인을 가두고 조사하고 형을 정했으므로 영장이라는 말이 아예 없었다. 일제는 포악하게 식민 통치를 하려고 검사나 경찰관이 영장 없이 바로 구속할 수 있도록 했다. 악질 순사가 아무런 이유 없이 조선 사람을 잡아넣을 수 있었던 것도 이 때문이다. 북한은 지금도 검사의 승인만으로 구속이 이루어지고 판사가 영장을 심사하는 제도가 없다. 이것만 보더라도 북한은 인권 후진국이고 정상적인 법치주의 국가가 아니다.

영장제도는 해방 후 미군정이 처음 도입했고, 그 후 계속 시행되었다. 다만 판사는 검사가 제출한 수사 서류만 보고 영장을 발부할지 결정했으므로(형식 심사), 피의자는 판사에게 직접 말할 기회가 없었다. 신체의 자유를 박탈당할 위험에 처한 시민은 누구든지 판사의 면전에서 범죄 혐의를 다투고 개인적인 처지를 말해서(실질 심사) 인신 구속의 위험에서 벗어날 가능성이 있어야 한다. 이런 요청은 세계 각국이 공유하는 인류의 법적 자산이고, 우리나라도 가입한 '시민적 및 정치적 권리에 관한 국제규약'에 명시되어 있다.

구속영장의 위력을 억제하기까지

일제 35년간 식민 통치와 해방 후 50년 가까이 계속된 비민주적이고 권위주의적 정권 아래에서, 시민은 법치주의의 본질을 체험하지 못했고 인권이 얼마나 중요한지 눈뜨지 못했다. 김영삼 대통령이 이끄는 문민정부는 1995년 형사사법에서 피의자와 피고인의 인권을 획기적으로 보장하는 방향으로 형사소송법을 개정했다. 새로 도입된 것 중에서 가장 중요한 구속영장실질심사제도(형사소송법 제201조의2)가 1997년 1월부터 시행되면서, 우리 역사상 처음으로 수사에 관여하지 않은 판사가 법정으로 피의자를 불러 변명을 듣고 구속 여부를 결정하기 시작했다. 처음에는 과도기라서 판사가 필요하다고 인정하는 때만 피의자를 불러 심사했는데, 구태를 벗지 못한 검찰은 1997년 12월 국회의 권위를 빌려 피의자가 신청한 경우에만 심문하도록 변경해서 판사의 권한을 사실상 박탈했다. 이런 입법은 적법절차를 강조한 헌법 정신과 평등원칙에 반하는 것으로서 명백히 부당하다. 2007년 형사소송법이 개정되면서 모든 피의자에게 실질 심사를 받을 기회가 부여되었는데, 우리나라 형사절차에서 법치주의와 적법절차의 획기적 전진으로 평가된다.

어느 시대든 수사기관 앞에 홀로 선 범죄 혐의자는 고립무원의 상태에서 극도로 예민하고 불안해진다. 수사기관이 범죄 혐의를 입증하는 데만 초점을 맞추다 보면 판사를 만날 기회가 없는 피의자를 부당 회유하거나 고문하는 등 가혹 행위를 할 가능성이 크다. 조사실에서 수사기관이 마음대로 권력을 행사하는 것을 방지하려고, 헌법과 형사소송법은 수사에 관여하지 않은 판사가 발부한 영장 없이는 피의자를 구속할 수 없다고 규정한다(영장주의). 아무리 나쁜 범죄를 저질렀다고 여겨지는 사람도 재판이 확정될 때까지 무죄로 추정되고(무죄추정의 원칙), 열 사람의 범인을 놓치더라도 한 사람의 무고한 사람을 처벌해서는 안 되므로, 수사기관은 불구속 상태에서 수사하는 것이 원칙이다(불구속수사의 원칙). 다만 피의자가 도중에 도망가거나 증거를 없애거나 조작한다면 수사나 재판을 제대로 할 수 없으므로, 그런 위험성이 있는 경우에만 판사에게서 영장을 받아 구속할 수 있다.

여기서 질문 하나. 한 해 구속되는 사람은 몇 명일까? 시민은 물론 법학 교수나 법조인도 제대로 맞히지 못한다. 놀라지 마시라. 2020년 한 해 6만여 명인데, 이것도 많이 줄어든 수치다. 영장실질심사 시행 전 수사 단계에서 구속되는 피의자 수는 13만 5,723명(1994년)과 14만 3,665명(1995년)으로, 1987년부터 1996년까지 10년 동안 평균 약 13만 명이 구속되었다. 왜 이런 일이 일어났을까? 검사는 조금이라도 사안이 무거우면 구속영장을 청구했다. 본 업무가 있는데 야간에 돌아가면서 영장 심사를 담당하는 당직 판사는 구속사유가 있는지 세밀히 따지지 않고 수사 서류만 보고 관행적으로 90퍼센트 이상 영장을 발부했다. 심지어 4주 상해나 6주 교통사고를 저지른 사람도 구속되었다.

그 후 어떤 일이 일어났을까? 물어보나 마나. 가족은 있는 돈 없는 돈을 모아 합의금을 마련하고, 사돈의 8촌까지 동원해서 경찰이나 검사와 연줄이 닿는 사람을 찾아다녔다. 브로커나 전관 변호사에게 거액의 착수금을 건네고 성공보수금을 약속했다. 피의자는 자포자기한 상태에서 빨리 석방되길 바라고 때로는 저지르지 않은 죄까지 자백했다. 검사는 10일 내지 20일가량 구속하다가 4~5만 명을 풀어주면서, 기소를 유예하거나 벌금형의 구약

식 또는 불구속으로 기소했다. 이런 상황을 언론은 '유전무죄, 무전유죄' 또는 '전관예우'라고 비난했고, 전문가들은 '인질사법'이라고 비판했다.

법원은 판사가 순번제로 돌아가며 당직 날 야간에만 영장을 심사하는 문제점을 개선하고자 1997년부터 영장 사건만 맡아서 심사하는 영장 전담 판사를 배치했다. 영장 전담 판사가 꼼꼼하게 심사하면서 영장 발부율은 80퍼센트대로 감소했고, 검사도 영장 청구를 자제했다. 그 결과 20여 년이 지난 2019년 한 해 피의자에 대한 구속영장은 2만 9,646명에게 청구되었고 2만 4,044명에게 발부되었다. 수사 단계에서 구속된 사람이 4분의 1 이하로 대폭 줄어든 것이다. 한편 판사가 불구속 상태에서 재판을 받는 피고인을 구속(법정구속)하는 경우는 한 해 3만 7,000명으로 늘어났다. 이런 현상은 입법 단계에서 예상하지 못했는데, 법원은 꼼꼼하게 원인을 분석하고 대책을 마련해서 헌법이 지향하는 불구속재판의 원칙을 구현해야 한다고 생각한다.

개인적으로는 법원이 실형을 선고하면서 피고인을 법정구속하는 것은 1심에서는 자제해야 하고, 항소심에서는 적극 활용해야 한다고 생각한다. 현행법상 항소심은 1심의 형을 변경할 권한이 있지만, 대법원은 아주 무거운 처벌이 아니면 항소심의 형을 변경할 권한이 없다. 1심이 법정구속을 하면 피고인은 변호사를 선임하고 합의를 시도해서 항소심에서 석방되기를 시도할 텐데,

바로 그것이 인질사법의 또 다른 모습일 수 있다. 그렇지만 항소심은 사실상 양형에 대해 최종적 권한이 있으므로, 실형을 선고하면서 법정구속해도 큰 문제가 발생하지 않을 것이다.

구속 여부로 사법적 정의를 판단할 수 없다

학생이나 시민을 상대로 법률 강연을 나가면 구속에 관한 질문이 많다. '그래도 사안이 무거우면 구속해야 하지 않을까?' 형사소송법도 시민의 법 감정을 감안해서 영장을 발부할 때 '범죄의 중대성'을 고려하라고 규정한다. 판사도 잔혹하게 사람을 죽인 범인을 도주나 증거인멸 우려가 없다고 석방하지 않는다. '구속영장을 발부하는 일정한 기준이 있어야 하지 않을까?' 도주나 증거인멸 우려는 피의자와 사건에 따라 다를 수밖에 없으므로 단일한 기준을 만드는 것은 적절하지 않다. 고려 요소가 무엇인지는 그동안 많이 논의되었고 법원 내부에 관련 예규가 있다. 그동안 검찰의 영장 청구 기준은 무엇인지 공개되지 않았다. 법학자나 언론은 법원에 영장 발부 기준과 양형 기준을 자세하게 밝히라면서도, 검찰에는 영장 청구 기준과 불기소 기준, 구형 기준을 공개하라고 요구하지 않는다.

'검찰이 무서워서일까, 잘 몰라서일까?' 판사의 시각에서 볼 때, 형사절차의 투명성과 법적 안정성은 공판절차뿐만 아니라 수사절차에도 상당한 수준으로 지켜져야 한다. 최근 검사와 경찰의 견해 차이를 조정하는 '영장심의위원회'가 도입되었다는데 앞으로 어떻게 운영될지 주목된다. '구속되면 구치소에 가니까 형벌이 아닐까?' 형벌은 판사가 선고하면서 부과하는 것이므로 구속은 법적으로 형벌이 아니다. 다만 수사 초기 단계에 갇힌 피의자에게 미치는 영향이 크고 나중에 구속된 기간만큼 형에서 빼주므로 사실상 형벌로 느끼는 것은 사실이다. '경제적으로 가난한 사람이 많이 구속되는데 유전무죄, 무전유죄의 차별이 아닌가?' 일정한 주거가 없는 경우 법에 따라 구속하는 것이고, 합의가 되면 구속의 필요성이 적다고 보아 기각될 가능성이 많다는 점 이외에는 빈부의 차이를 고려하지 않는다.

그렇다면 무엇이 문제인가? 세간의 이목이 집중되는 사건일수록 시민은 편을 나누어 구속 여부로 사법적 정의를 판단한다. 검사는 엄벌에 처하라는 여론을 의식해서인지 지금도 영장을 청구해서 구속하는 것을 수사 성패의 기준으로 삼는다. 언론과 정치권은 자기들 입장에 따라 판사의 결정을 지지하거나 비난한다. 이런 현상은 구속 제도의 본질을 이해하지 못했거나 왜곡하는 데서 비롯되었다.

영장이 발부되었다고 다 유죄로 선고되는 것이 아니고, 영장이 기각되었다고 처벌하지 않는 것이 아니다. 그동안 중요 사건에서 영장 기각으로 수사에 급제동이 걸렸다면, 피의 사실을 자백하고 여죄를 추궁하는 수단으로 구속을 잘못 이용해왔기 때문이다. 수사기관이 본래 의도한 사건(본건)을 수사하기 위해 다른 사건(별건)을 이유로 구속하는 '별건 구속'은 본건 사실에 대한 자백을 강요하는 것으로 부당하다.

검사는 영장을 청구할 때 범죄 사실을 언론을 통해 기정사실화(유죄 단정)하고, 이 때문인지 시민은 정작 법원의 공판에 별로 관심을 기울이지 않는다. 어느 영화에서 나온 대사처럼 '무엇이 중한디' 되돌아볼 때, '개 꼬리가 몸통을 흔들어대는' 후진국형 본말전도의 형사재판은 이제 끝내야 한다.

물증이 없더라도
유죄로 선고할 수 있다

세상을 뒤흔들 만한 사건이 터지고 특수부 검사와 유명 변호사
가 치열하게 다투면, 언론은 법정에서 '실체적 진실'이 밝혀질 거
라고 보도한다. 유감이지만 유무죄를 가를 마법의 열쇠를 찾기란
쉽지 않다.

　1999년 5월 신동아그룹 최순영 회장의 부인 이형자 씨가 외화
밀반출 혐의를 받고 있던 남편을 구명하려고 김태정 검찰총장 부
인 연정희 씨에게 고급 옷을 선물했다는 '옷 로비 의혹 사건'이 터
졌다. 연정희 씨가 이형자 씨를 명예훼손 혐의로 고발했는데, 검
찰은 이형자 씨의 '실패한 로비'라고 수사 결과를 밝혔다. 그런데
수사 과정에서 검찰이 연정희 씨를 비호했다는 의혹이 있었고, 관
련된 사람들이 상류층 부인이어서 사람들의 관심을 끌었다.

　검찰의 수사 결과를 불신한 국회는 청문회를 개최했으나 특별

한 소득이 없자 대한민국 최초로 특별검사제도를 도입했고, 제1호 특별검사가 임명되었다. 특검은 이형자 씨의 로비 시도는 있었으나 성공하지 못했고, 다만 청문회에서 일부 관련자가 위증했다는 이유로 공소를 제기했다. 그러나 검찰은 다시 이형자 씨의 자작극으로 촉발된 '실체 없는 로비'라고 결론 내리고 수사를 종결했다.

그런데 수사와 재판, 청문회에 나온 사람들은 서로가 거짓말을 하고 있다고 주장했다. 실제로 로비가 있었는지 없었는지, 있었다면 로비가 성공했는지에 대해서도 판단하는 주체마다 결론이 달랐다. 밝혀진 것은 증인 선서 때 나온 '앙드레 김'의 본명뿐이라는 우스개만 남았다.

피고인은 검사가 범죄 혐의가 있다고 해서 기소한 사람이다. 재판을 거쳐 대부분 유죄 판결을 받는데도 불구하고, 법은 "유죄의 판결이 확정될 때까지는 무죄로 추정된다."라고 선언한다. "한 명의 무고한 사람을 처벌하기보다는 열 명의 범인을 놓치는 것이 낫다." "의심스러울 때는 피고인에게 유리하게 판단하라."라는 법언에 따른 것이다.

형사재판을 한 손에 칼을 들고 다른 손에 저울을 들고 있는 '정의의 여신상'에 빗대면, 검사가 저울 한쪽에 유죄의 증거를 올려놓고 변호인이 다른 쪽에 무죄의 증거를 올려놓으면 판사는 저울이 어느 쪽으로 기우는지 판단한다. 여기서 중요한 것은 저울이 되돌릴 수 없이 검사 쪽으로 기우는 경우에만 유죄로 선고할 수 있다는 점이다. 다시 말해서 판사가 여러 면에서 꼼꼼히 보더라도 죄를 저지르지 않았을 수도 있다는 의문이 없을 때, 즉 '합리적인 의심의 여지가 없는 정도의 증명'이 있을 때만 유죄다. 따라서 무죄를 선고받은 피고인 중에는 잘못을 저질렀지만 검사가 혐의를 충분히 입증하지 못해서 풀려난 사람도 있다.

판사는 어떻게 진실을 판단하는가

범인에게 죗값을 치르게 하는 형사재판은 사건의 진상을 명백히 밝히는 것이 가장 중요하다. 판사는 실제 있었던 사건의 실체적 진실을 찾아내야 할 직무상 의무가 있다. 하지만 목격자도 없고 범인의 지문도 발견되지 않는 살인사건, 양쪽 말이 다른 성폭력 사건에서 실체적 진실을 찾는 것은 오랫동안 재판만 해온 판사에게도 힘들고 어렵다.

  2021년 5월 어느 부장판사가 이례적으로, 대법원이 성폭력사건에서 하급심의 무죄 판단을 존중하지 않고 유죄 취지의 판결을 내리는 사례가 많다고 공개적으로 비판해서 파문이 일었다. 그 판사는 "피고인과 증인 등 당사자를 직접 만나 그들의 호소를 직접 접한 하급심 판사의 의견을 존중할 필요가 있다. 사실인정 문제에 관한 한 대법관님들 생각이 옳다는 믿음을 잠깐 내려놓으시고 하급심 판사들을 믿어달라."라고 주장했다.[7] 재판 경험이 많은 판사들 사이에서도 유무죄의 판단이 엇갈리는 것을 보면, 어떤 사람이 죄인인지 판단하는 것은 신의 영역인지도 모른다.

아무튼 형사재판을 하다 보면 위증을 하면 처벌받기로 맹세한 증인이 편을 갈라 정반대로 증언하거나 말을 바꿀 때 곤혹스럽다. 사건은 과거로 묻혀버렸고, 범인이 남긴 흔적은 부족하거나 때가 묻었다. 같은 사건도 그 사람의 경험과 관심에 따라 기억하는 내용이 다르다. 시간이 흐를수록 기억은 희미해지고 망각과 선택과 왜곡을 거쳐서 유리한 부분만 부풀려져 편향적으로 남는다. 같은 사람이라도 비공개로 진행된 검사실에서 한 말과 변호인의 도움을 받고 공개 법정에서 한 말의 뉘앙스가 다르다.

이런 상황에서 실체적 진실이 객관적으로 존재하고 재판을 통해서 그대로 찾아낼 수 있다고 생각할수록 판사는 오판에 빠질 위험이 있다. 사람이 가지고 있는 인식능력의 한계에 비추어볼 때 절대적 진실의 발견은 불가능하다. 판사도 예외가 아니다. 법조계에서 흔히 하는 말대로, 사실관계에 대해서는 사건 당사자가 제일 많이 알고, 그다음은 변호사이며, 가장 사건을 잘 모르는 판사가 결론을 내린다. 모름지기 형사재판을 맡은 판사는 이런 사실을 겸허하게 받아들이고, 편견과 선입견 없이 백지상태에서 사건에 임해야 할 것이다.

한편 형사소송법은 판사의 오판과 독단을 막으려고 피고인의 방어권을 보장하고 판사가 지켜야 하는 '적법절차'를 자세히 규정한다. 따라서 실체적 진실은 적법절차라는 틀 속에서 검사와 피고인이 주장하고 반박하며 판사가 판단하는 과정에서, 진실에 가깝게 재구성될 뿐이라고 생각하는 것이 온당하다.

내친김에 형사증거법을 더 살펴보자. 증거는 '인증'과 '물증'으로 나뉜다. 인증은 피해자의 증언이나 피고인의 진술과 같이 사람의 말이 증거가 되는 것이다. 물증은 범행에 사용한 흉기나 장물, 금융 자료와 같이 물건의 존재와 상태나 내용이 증거가 되는 것이다. 언론은 "심증은 가지만 물증이 없어서 유죄가 아니다."라는 식으로 보도한다. 예를 들면 '5·18 광주학살'의 책임자에 대해 심증은 있지만 물증이 없어서 아쉽다는 것이다. 이 기사는 법적으로 올바르지 않다. 그가 지시한 문건(物證)이 발견되지 않더라도, 부하들의 양심선언(人證)이 있고 판사가 믿을 만하다고 생각(心證)을 굳히면 유죄다. 판사가 마음을 굳혔다는 뜻의 '심증'을 언론은 일반인이 의심한다는 뜻으로 사용한다.

이야기가 옆으로 새 나가는 느낌이 있지만, 드라마나 영화에서 법정의 모습을 잘못 보여주는 일이 많다. 하나, 판사는 법정에서 법복만 입을 뿐이지 법모는 쓰지 않는다. 둘, 판사가 법정에서 선고할 때 말로만 하지 나무망치를 두드리지 않는다. 셋, '피고'는 민사사건에서 쓰는 말로 소송을 당한 사람이고, '피고인'은 형사사건에서 쓰는 말로 검사가 기소한 사람이다. 금융 자료 등 물증이 없는 상황에서 유력 정치인에게 뇌물을 제공했는지가 문제시된 사건에서 대법원은 준 사람의 말이 신빙성이 있다고 보아 유죄를 선고했다. 사체가 발견되지 않아도 여러 정황증거에 비추어볼 때 피해자가 사망했고 그 원인이 피고인의 행위라는 사실이 합리적인 의심의 여지가 없을 정도로 증명되었다면 유죄다.

오판의 위험에서 벗어나려면

형사재판의 역사를 되돌아보면 정치적 반대자나 사회적 약자를 범인으로 몰아서 오판한 사례가 많다. 몇 년 전 역사에 자취를 남긴 형사사건을 모아서 《재판으로 본 세계사》를 펴낸 적이 있다. 우리나라는 '과거사 사건'이 이런 유형에 속한다. 하지만 수사가 강압적으로 진행되고 법정에서 위증이 만연한 현실에서, 오판은 대부분 판사가 엇갈리는 주장과 증거를 합리적으로 분별하지 못해서 나온다. 풍부한 법적 경험과 훈련을 받았더라도 판사도 사람인지라 처음 가진 생각이나 판례에 집착해서 곧바로 쉽게 결론을 내릴 수 있다.

성폭력 피해를 당한 여성에게 어떤 전형(피해자다움)이 있다고 생각하고, 그에 벗어나는 사정이 있으면 유죄로 인정하지 않으려고 할 수도 있다. 검사가 기소했으니까 또는 하급심 판사가 유죄로 인정했으니까 그들을 믿고 사실관계를 꼼꼼히 따지지 않을 수도 있다. 어떤 이유로든 판사의 아둔함과 불성실, 아집과 편견은 용납될 수 없다. 형사 재판관은 몇 가지 법 지식보다 사람과 사회에 대한 앎이 훨씬 중요하고, 선의로 이해하는 마음과 올곧은 결기를 아울러 갖추어야 한다.

30년 전 무죄를 선고한 사람에게서 편지를 받았다. 밤에 아무도 없는 치킨 가게에서 불이 나 건물이 모두 타버렸는데, 검사가 임차인을 업무상 실화죄로 기소했다. 전관 변호사를 선임했으나 유죄를 선고받자, 항소심에서는 그가 직접 나서서 소박한 말과 글로 억울함을 호소했다. 재판장과 합의한 후 주심 판사로서 처음 무죄 판결문을 썼고, 며칠 후 가슴 절절히 고맙다는 편지를 받았다.

그것이 처음이자 마지막이다. 법복을 계속 입으면서 매너리즘에 빠졌기 때문일까? 아니면 재판과 판사를 대하는 사람들의 마음이 바뀐 것일까? 마지막으로 형사재판을 한 지도 10년이 지났다. 나이 먹을수록 젊었을 때 당연하다고 생각한 것에 의문이 생기고 회의가 들며, 사람마다 세파에 시달리고 견디며 살아가는 데 수많은 사연과 곡절이 있다고 느끼면서 형사재판 업무를 피했기 때문이다.

20여 년 전 옷 로비 의혹 사건의 특별검사는 고급 옷 가게 라스포사 사장 정일순 씨에 대해 구속영장을 청구했다. 필자는 알선수재 혐의에 대해 소명이 부족하다는 이유로 영장을 기각했다. 기자회견에서 "얼마가 걸리더라도 매일 대한민국 모든 판사에게 청구해서 기어코 영장을 받아내겠다."라고 했던 특검의 사자후

가 지금도 잊히지 않는다. 인권변호사로 유명했던 그분은 두 번
더 영장을 청구했는데, 다른 판사가 심리했어도 영장은 모두 기
각되었다.

죄인을 그리 가볍게
처벌하지 않는다

재판 중에서 판사 혼자 피고인의 운명을 결정하는 형사 단독재판이 가장 어렵고 부담스럽다. 판사들은 "민사재판을 맡으면 머리가 아프고, 형사재판을 맡으면 마음이 아프다."라고 말한다. 30년 전 춘천에서 처음 형사 단독재판을 하면서 종전 양형 추세를 알아보려고 《사법연감》을 뒤져보다가 깜짝 놀랐다. 강원도 소재 법원은 춘천을 비롯해 원주, 강릉, 속초, 영월에 있는데, 징역형을 선고하면서 집행유예를 붙이는 사건의 비율이 지역에 따라 몇 배 차이가 났다. 사회경제적으로 비슷한 지역에서 집행유예 비율이 크게 다른 이유는 판사마다 죗값에 대한 생각이 달랐기 때문일 것이다.

양형에 대한 생각의 차이는 판사들보다 판사와 시민 사이에서 더욱 심하다. 살인죄나 성폭력 범죄, 정치인의 뇌물죄나 재벌 회장의 횡령·배임죄에 대해 형이 선고될 때마다 언론은 시민의 성난 목소리를 전하며 '솜방망이 처벌'이라고 비판한다. 형이 높다고 말하는 경우는 상습 절도범이 사소한 물건을 훔쳐 실형을 받은 '한국판 장 발장'을 제외하고는 거의 보지 못했다. 판사의 온정주의를 탓하고, 상세한 경위도 따지지 않고 '유전무죄, 무전유죄'라고 비난하는 것도 일상이다. 국회도 여론을 반영해서 꾸준히 형벌의 상한을 올리고 형을 정하는데, 판사의 재량권을 줄이는 방향으로 법을 만들거나 바꾸었다. 옛날과 비교하면 형이 많이 올라갔지만, 여전히 시민은 판사가 '낮은 형'을 선고한다고 생각한다.

동해보복의 법 감정을 극복한 현대의 양형

죄인에 대한 형량은 사회윤리적으로 얼마나 나쁜 짓을 했는지에 대한 판단, 즉 책임에 비례해야 한다(책임주의). 사람들의 보통 법 감정은 분노와 응보, 즉 그가 저지른 만큼 똑같이 죗값을 치르게 하라는 것이리라. 세계 최초 성문법인 고대 바빌로니아의 함무라비법도 '눈에는 눈, 이에는 이'로 처벌하는 '탈리오 법칙(lex talionis)'에 바탕을 두고 있다. 지배계층과 피지배계층이 확실히 구분되고 억압적으로 사회체제를 지탱해온 고대 왕조국가와 중세 봉건국가에서, 공동체 질서를 어지럽혔다고 규정된 일탈행위에 대한 처벌은 가혹하고 상시적으로 이루어졌다.

16세기 잉글랜드 대법관으로 일한 토머스 모어(Thomas More, 1478~1535)는 《유토피아》에서, 도둑이 횡행하는 것을 막기 위해 본보기로 절도범 스무 명이 한꺼번에 교수형을 당한 사례를 들고 있다.[8] 하지만 계몽주의 사상과 근대 시민혁명의 영향으로 인권을 존중하고 억울한 사람이 없도록 형벌권을 신중하게 행사하는 방향으로 법이 만들어지고 적용되어야 한다는 생각이 커졌다. 형사정책적으로도 처벌하는 것만이 능사가 아니라 범죄인을 교화하는 것도 중요하다는 생각이 퍼지면서 형법학자와 판사들은 동해보복(同害報復)의 법 감정을 극복했다.

형법 제51조는 판사가 형을 정할 때 (범죄의 결과만 볼 것이 아니라) ① 범인의 연령, 성행, 지능과 환경, ② 피해자에 대한 관계, ③ 범행의 동기, 수단과 결과, ④ 범행 후의 정황 등을 종합적으로 고려하라고 규정한다. 형법 제250조는 사람을 고의로 살해한 사람에 대해서 (죽였다는 이유만으로 바로 사형에 처할 것이 아니라 여러 양형 사유를 따져서) 사형, 무기 또는 5년 이상의 징역형에 처한다고 규정한다. 이렇게 형법의 이념과 역사를 배우고 양형 감각을 익히며 판사들은 낮은 형을 선고했다.

사람들은 무겁게 처벌하면 범죄가 줄어들 텐데 처벌이 가벼워 범죄에 노출되는 위험이 늘어난다고 생각한다. 하지만 우리나라는 강력범죄로부터 상대적으로 안전하다. 인구 10만 명당 살인 건수를 보면 미국은 5건, 프랑스는 1.2건, 독일은 0.9건인데, 대한

민국은 0.6건에 불과하다. 성폭력 범죄는 나라마다 범죄의 유형이나 구성요건이 달라서 정확하게 비교하기 어렵다. 1,000만 명이 사는 대도시에서 밤늦게까지 술을 마시고 시내 큰길을 걸어다녀도 큰 문제가 없는 곳이 서울이다.

그런데 왜 사람들은 강력범죄가 많이 발생한다고 생각할까? 여러 이유가 있겠지만, 언론이 강력범죄를 자주 그리고 자세하게 보도하는 것이 문제다. 범죄 관련 방송 프로그램을 보면 범죄 수법이나 살해 현장, 유기 방법을 생생하게 알려준다. 온 동네에 나쁜 놈만 있는 것처럼 비추면, 사람들은 서로를 불신하고 두려워하며 다른 사람의 어떤 잘못도 용서하지 않는다. 단, 자기와 가족은 예외다.

판사가 일벌백계로 무겁게 처벌하면 안전한 사회가 되리라는 '엄벌주의'는 어느 나라, 어떤 사회에서도 입증되지 않았다. 보통 사람의 입장에서 볼 때, 사소한 일탈행위도 범죄로 정하고 엄하게 처벌한 고대와 중세 사회가 현대사회보다 안전하고 살기 좋았을까? 흔히 미국의 사례를 들어 가볍게 처벌한다고 주장한다. 그 말은 맞는다.

하지만 미국은 우리뿐만 아니라 유럽의 어떤 나라보다 형벌이 무거우며 수감자의 비율도 엄청나게 높다. 미국 인구는 전체 대비 5퍼센트에 불과하다. 하지만 전 세계 수감자의 25퍼센트가 미국에 있다. 루돌프 줄리아니 뉴욕시장은 1993년 범죄에 대해 '돌레랑스 제로(무관용)' 정책을 폈으나, 그 효과는 잠깐에 그쳤을 뿐 범죄율은 장기적으로 줄어들지 않았다. 미국 사회가 인종차별을 비롯한 여러 이유로 그만큼 불안해서 형량이 올라갔고 그랬음에도 안전하지 못하다는 현실의 반증이 아닐까.

부의 불평등이 줄어들고 다른 사람에 대한 신뢰가 늘어난다면 범죄도 많이 줄어들 것이다. 보통 죄인은 나쁜 마음이나 분노를 참지 못하고 죄를 저지르면서도 자기만은 들키지 않을 것이라고 생각하지, 판사도 미리 가늠할 수 없는 죗값까지 따져가며 나쁜 마음을 조절하는 경우는 드물 것이다. 이런 점에서 엄벌주의보다 범죄를 저지른 사람이라면 반드시 적발해서 처벌받을 확률을 높이는 '필벌주의'가 범죄를 줄이는 데 효과적이라는 견해가 유력하다. 뇌물 받는 공무원을 한 사람도 빠뜨리지 않고 발각해서 처벌하는 제도가 정착되고 널리 인식된다면, 아주 무겁게 처벌하지 않더라도 공직사회가 더 맑아지지 않겠는가. 다만 공권력이 늘어나고 적법절차를 가볍게 보아서 시민의 인권이 침해될 가능성이 커질 수 있는 측면도 고려해야 한다.

형법의 이념과 시민의 법 감정 사이에 난 좁은 길

대법원은 2007년 판사마다 양형이 들쭉날쭉하다는 비판을 받아들여, 시민의 건전한 상식이 반영된 공정하고 객관적인 양형을 실현하려고 양형위원회를 만들었다. 양형위원회는 2009년부터 주요 범죄별로 판사가 형량을 정하는 데 참고할 '양형 기준'을 제정했는데, 판사는 개개 사건에서 그 기준을 존중해야 한다.

2020년 현재 살인죄를 비롯한 40여 개 주요 범죄에 대해 형의 종류 및 형량의 기준과 집행유예 기준이 있다. 대표적으로 살인죄를 살펴보면, ① 참작 동기 살인, ② 보통 동기 살인, ③ 비난 동기 살인, ④ 중대 범죄 결합 살인, ⑤ 극단적 인명 경시 살인으로 나누고, 각각에 대해 기본 형량과 감경 형량 및 가중 형량의 범위를 정했다. 양형 인자도 감경 요소와 가중 요소로 나누어 세밀하게 규정하고, 집행유예도 부정적 참작 사유와 긍정적 참작 사유를 구분해서 정하고 있다. 시행 성과에 대해 사람마다 생각이 다소 다르지만, 법조계 내외부의 일반적인 평가는 긍정적이다.

이제 양형에 대해 고쳐진 것과 더 개선되어야 할 것을 판사의 시각에서 구체적으로 살펴본다. 판사의 생각에 따라 형량의 차이가 컸던 문제는 양형기준제도로 많이 시정되었다. 다만 형을 정할 때 대법원이 정한 가이드라인에 부합하는지만 따지는 것은 적절하지 않다. 피고인은 갑남을녀 중 한 사람이 아니라, 자기만의 인생사를 살아온 '바로 그 사람'이기 때문이다.

살인죄를 비롯한 강력범죄의 형량도 유기징역형의 최고 상한이 50년으로 늘어나면서 적절하게 올라갔다고 생각한다. 다만 디지털 성범죄를 비롯한 성폭력 범죄는 범죄의 죄질과 피해자에 미치는 트라우마의 심각성에 비추어 더 올라가야 한다고 본다.

형사 피해자의 법정에서 진술할 권리(헌법 제27조 제5항)를 적극 보장해서, 판사가 범죄의 충격을 피해자 시각에서 느끼는 것도 중요하다. 필요하다면 전문가의 의견을 들을 수도 있다. 횡령이나 배임죄를 저지른 재벌 회장에게 집행유예가 적절한지는 '기업이 사회에 기여한 바와 회장이 보여준 리더십을 양형 요소로 고려할 것인지'를 공론화해서 정리할 필요가 있다. 1심의 양형이 현저히 부당하지 않는 한, 항소심이 종전 형량을 유지해야 시민들이 사법을 신뢰할 것이다.

모든 사람은 나름대로 사람을 죽이거나 물건을 훔친 사람에 대해 어느 정도 처벌하면 좋겠다는 생각이 있다. 나아가 언론에서 강력범죄를 자주 상세하게 보도하는 현실에서 흉악범에 대한 기대 형량은 올라갈 수밖에 없다. 사회구조를 개혁하고 시민의 윤리 의식과 상호 신뢰성을 키워가야만 근본적으로 범죄 문제를 해결할 수 있다는 거대 담론은 허공을 맴돌 뿐이다. 토머스 모어도 절도를 줄이려면 무엇보다도 모든 사람이 자기 생계를 잘 유지하도록 해주는 것이 중요하다면서, 절도죄에 대한 엄벌주의를 이렇게 비판했다.

이런 식으로 도둑을 처벌하는 것은 정의롭지도 않고 공익을 위해서도 좋지 않습니다. 그런 처벌은 과도하면서도 범죄를 막는 데는 효과적이지 않습니다. 단순 절도는 사형에 처할 정도로 큰 범죄가 아닙니다. 그리고 먹을 것을 구할 길이 전혀 없는 사람에게는 아무리 심한 처벌을 한다 하더라도 도둑질을 막을 수는 없습니다. 절도죄와 살인죄가 같은 처벌을 받는다면 도둑들은 단지 돈만 훔쳐갔을 상황에서 살인까지 저지르고 맙니다. 도둑들에게 극도의 잔인성으로 겁을 주려 한 것이 그만 무고한 사람을 살해하도록 부추기는 결과가 됩니다.[9]

판사는 형법의 이념과 시민의 법감정 사이의 괴리를 고민하면서 형량을 정할 수밖에 없다. 형사재판에서 유무죄는 판사에게 익숙한 사실인정과 법리의 영역이지만, 양형은 판사가 잘 알지 못하거나 꺼리는 감정과 윤리의 영역이다. 판사는 피고인과 피해자 그리고 시민의 마음을 섬세하게 헤아리고 책임주의 원칙을 지키면서, 첫값이 얼마인지 성찰하고 판결문에 일상용어로 적어서 이해와 소통을 구하는 길밖에 없다.

소년법, 무엇이 문제인가

2017년 초 인천에서 18세 소녀가 8세 초등학교 학생을 죽였다. 같은 해 부산에서 여자 중학생 두 명이 또래 여학생을 폭행해서 피투성이로 만들었다. 사건이 널리 알려지자 청와대 홈페이지 국민청원에는 소년법을 폐지하고 소년사범을 엄하게 처벌하라는 주장이 빗발쳤다. "소년법 이번에 없애라. 초등학생 이하로 가든지." "미성년자라 봐주는 제도를 없애라. 요즘 애들이 어른보다 더 무섭다."라는 등 2020년 4월까지 소년법과 관련된 청원만 1,900여 건이고 이름을 올린 사람은 중복해서 390만 명인데, 소년법은 바뀌지 않았다. 소년법, 무엇이 문제인가?

사람들은 소년범죄가 늘어나고 잔혹해졌다고 생각한다. 언론에 보도된 사건만 보면 그 말이 맞는다. 하지만 통계상으로는 성급한 결론이다. 대검찰청 범죄 분석에 따르면, 매년 소년범죄가

7만여 건 발생하는데, 그중에서 강력범죄(살인·강도·성폭력·방화 등)는 3,000건 안팎이다. 절도 과정에서 폭행을 저지르거나(준강도) 이성과의 가벼운 신체접촉(강제추행)도 포함한 수치다. 최근 10여 년간 전체 소년범죄와 강력범죄 사건은 성폭력을 제외하고는 약간 줄어드는 추세다. 가정법원에서 보호처분을 한 소년 중 가장 많은 범죄가 절도(35%)이고, 폭행과 상해 등 폭력행위(22%)가 그다음이다. 강력범죄 중에서 사안이 무거워 형사재판으로 처벌을 받는 소년은 한 해 몇백 명이다.

소년 형사정책을 연구하는 학자들은 소년범죄가 유독 잔인해지지 않았지만, 요즘 들어 심각한 2차 피해를 동반하는 경우가 늘어났다고 분석한다. 부산 여중생 폭행사건 자체는 과거와 크게 다르지 않지만, 폭행 장면을 촬영해 SNS에 올려놓고 조롱해서 피해자가 견디기 힘든 트라우마에 빠졌다고 한다. 이런 이야기를 하는 것은 죄질이 나쁜 소년범죄가 없다거나, 중대한 경우 처벌이나 적절한 보호처분이 필요하지 않다는 게 아니다. 소년범죄의 실상을 제대로 보아야 한다는 것이다.

소년법을 폐지하자는 주장에 대하여

소년법은 소년이 비행 환경에 빠지는 것이 개인의 문제라기보다 사회의 문제이므로 처벌 대신에 교화하자는 취지에서 마련된 법이다. 소년법의 목적은 비행소년의 환경을 조정하고 품행을 교정하는 조치를 해서 건전하게 성장하도록 돕는 것이다. 오랫동안 소년은 작은 어른으로 취급되었으며, 범죄를 저지르면 어른과 비슷하게 처벌받았다. 서양에서도 20세기에 들어서야 이런 처우가 소년의 인격 형성에 나쁘고 평생에 걸쳐 범죄자를 양성하는 것임을 깨닫고, 소년법과 소년법원을 설립해서 소년에 대한 교육적 처우, 즉 소년보호처분을 하는 것을 원칙으로 삼았다. 우리나라는 1958년 소년법을 만들어서 운용했다. 하지만 사회적 공론화 과정을 거치지 않고 선진국 법을 답습했으므로 시민은 정책의 의미를 제대로 알 수 없었다.

비행소년에게만 책임을 묻는 것이 왜 부당할까? '길모퉁이 소년'은 부모가 이혼 상태이거나 불우한 환경에서 생활고를 겪고 자라 자존감이 부족한 경우가 많다. 가정이나 학교, 또래 그룹에서 차별을 받거나 폭력을 당했다. 입시 위주 경쟁에서 낙오하거나, 가정이나 학교에서 인성교육을 제대로 받지 못했다. 사춘기라서 충동과 감정은 수시로 바뀌는데 어떻게 살 것인지 찬찬히 생각하지 않았다. 하지만 소년은 미래를 꿈꾸고 바뀔 수 있으므로 어른과 다르게 처우해야 한다. 이들에게 필요한 것은 국가의 회초리가 아니라 시민의 따뜻한 관심과 배려다.

소년법과 소년보호재판에서 몇 가지 중요한 것을 살펴본다. 우선 소년법은 14세 이상 19세 미만 범죄소년에 대해 규정한다. 모두 가정법원에서 소년보호처분을 받는 게 아니라, 열 명 중한 명은 법원에서 형사재판을 거쳐 형벌을 받는다. 이 경우에도 18세 미만 소년에게는 사형이나 무기징역형을 선고할 수 없다. 특정강력범죄에 대해 예외를 인정하자는 주장이 있는데, 선진국 법률과 다르고 소년을 보호하는 국제 규약에도 어긋난다. 형법이 14세 미만을 형사미성년자로 규정한 이유는 아직 성숙하지 못했고 사물을 변별하고 행동을 통제할 능력이 부족해서 잘못을 탓하기 어렵기 때문이다. 12세로 낮추자는 주장이 있는데, 몸만 큰 초등학교 6학년 학생이 잔혹한 범죄를 저질렀다고 해서 어른과 같은 판단능력을 갖추었다고 보기 어렵다.

이렇게 10세 이상 14세 미만(촉법소년)에게는 형사책임을 물을 수 없지만, 결과가 무거우면 학교나 경찰이 가정법원에 송치할 수 있고, 판사는 재비행을 방지하는 차원에서 소년보호처분을 할 수 있다. 가정법원이 명하는 소년보호처분에는 열 가지가 있는데, 보호자에게 위탁하면서 감독하는 '사회내처분'(1호부터 5호까지)과 소년원이나 아동복지시설에 위탁하는 '주거제한처분'(6호부터 10호까지)으로 나뉜다. '처분'이라는 용어 때문에 봐준다고 생각할 수 있으나, 그 또래에게 소중한 자유를 제한하는 것으로 형벌에 비해 가볍다고만 말할 수 없다.

이렇게 보면 소년법은 폐지될 것이 아니라 더 나은 방향으로 개정되고 충실해져야 한다. 범죄소년에 대한 조사는 조기에 이루어져야 한다. 소년에 대한 비행을 신고하더라도 경찰은 사안을 가볍게 보고 늦장 수사하기 일쑤다. 2019년 인천 여중생 집단 성폭행사건도 부모가 엄벌을 요구하는 국민청원을 올리고 공론화된 후에야 비로소 본격 수사에 들어갔다.

소년보호사건의 처리절차는 신속하게 진행되어야 한다. 현재 경찰에서 법원으로 사건이 넘어오는 데 3~5개월 걸린다. 경찰이 14세 이상 소년범죄사건을 검사에게 송치하고, 검사가 형사재판에 넘길지 가정법원에 보낼지 여부를 결정하는 데 시간이 걸리기 때문이다. 우리도 미국과 일본처럼 경찰이 바로 소년부 판사에게 송치하고, 판사가 소년보호절차와 형사절차를 선택하는 방향(법원선의주의)으로 소년법이 개정되어야 한다.

소년보호사건을 맡는 판사와 집행·감독 기관은 더욱 늘어나고 전문화되어야 한다. 사람들은 소년범죄에 많은 관심을 기울이고 걱정하는데, 행정부와 법원의 정성과 노력은 턱없이 부족하다. 판사와 보호관찰관, 소년원과 아동복지시설이 적절하게 개입하고 교화할 수 있도록 인력과 예산을 늘리고 역량을 계발해야 한다.

마지막으로 소년범죄 피해 소년에게는 보호 대책이 별도로 마련되어야 한다. 소년범죄 가정은 열악해서 피해 소년에게 손해를 배상할 경제력이 없는 경우가 많다. 피해 소년과 가족이 실질적으로 회복되고 치유될 수 있도록 국가가 다양한 조치를 취해야 한다.

길모퉁이 소년은 흔들리고 있을 뿐이다

솔직히 말해서 소년보호사건에 대한 법원과 판사의 인식과 열정은 시민의 기대에 훨씬 못 미친다. 일반 민형사사건보다 사안이 단순하고 법리를 따지는 경우가 적어 잠시 머리를 식힌다고 생각하는 판사도 있다. 이런 현실에서 8년간 소년재판만 맡으며 정성과 신념으로 1만 2,000명의 비행소년을 바른길로 인도하려고 애쓴 '호통판사' 천종호에게 격려와 박수를 보낸다. 그는 《호통판사 천종호의 변명》이라는 책 머리말에서 이렇게 말한다.

소년재판은 마음으로 하는 재판입니다. 다시 말해, '로고스' 외에도 '파토스'와 '에토스'가 필요한 재판입니다. 보호소년들은 대체로 가정환경이 좋지 않기 때문에 성인범들과 비교해볼 때 재범률이 높습니다. 하지만 소년들은 살아온 날들보다 살아가야 할 날들이 많은 존재들입니다. 이들에게 너무 이른 시기에 낙인을 찍어버리면 훗날 사회적으로 더 큰 비용을 치르거나 해악을 끼칠 수도 있습니다. 때문에 때가 되면 철들어 바른 사람이 될 것이라는 희망으로 기다리고 또 기다리는 부모의 심정으로 소년들을 대할 필요가 있습니다. 그렇다고 마냥 관용을 베풀 수는 없습니다. 건강한 어른으로 자랄 때까지 때로는 엄정한 아버지의 마음으로 처분을 내리고, 때로는 너그러운 어머니의 마음으로 아이들을 보살펴야 합니다.[10]

소년보호처분은 잘 집행되고 있을까? 전국의 열 개 소년원은 보호소년을 1인실이 아닌, 4인 1실이나 열 명 이상이 함께 생활하는 호실에 수용하고 있다. 교과와 직업훈련 교육은 집단으로 진행하고 생활은 1인실에서 안정적으로 이루어져야 하는데, 현장은 그렇지 못하다. 서열과 군대식 고참 문화가 발생하고 욕설과 폭행, 협박과 갈취를 일삼기도 한다. 소년원에서 악화되는 비행성과 반사회성을 줄이려면 시설 환경과 교육 방식이 개선되어야 한다. 가정으로 되돌아가는 소년을 국가가 보완해서 지도·감독하는 보호관찰은 더욱 충실해져야 한다.

소년사건을 담당하는 전국의 보호관찰관은 200명 정도인데, 이들이 관리하는 소년은 2만 5,000여 명에 이른다. 출장 면담, 출석 면담, 전화 통신 지도, 수강명령 등을 제대로 해내기에는 턱없이 부족하다. 그런데 보호관찰관이 소년사건만 담당하는 게 아니다. 2021년 9월 보호관찰 대상자가 위치추적 전자장치(전자발찌)를 끊고 도주했다가 불과 이틀이 되지 않아 여성 두 명을 살해한 사건이 발생했는데, 흉악범에 대한 전자발찌 업무도 보호관찰관이 담당한다. 소년의 재비행을 탓하기에 앞서 보호관찰관과 민간위원부터 대폭 늘려야 한다.

소년보호처분으로 태도와 의지가 바뀐 소년도 집으로 돌아가 예전의 환경에 노출되면 다시 종래의 문화와 비행에 빠지게 될 가능성이 크다. 가정과 사회가 보살피지 못해 발생한 문제를 엄한 형벌만으로 해결하려는 방법은 범죄도 예방하지 못하고 사회적 비용만 많이 들어간다. 길모퉁이 소년은 비뚤어진 것이 아니라 흔들리고 있을 뿐이다. 우리가 어렸을 때처럼.

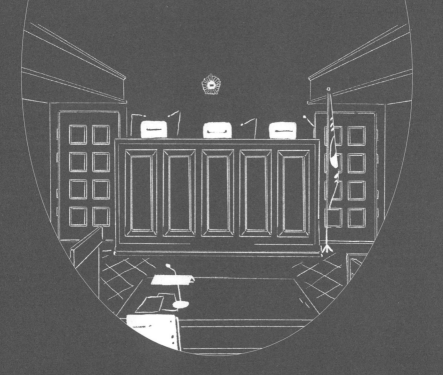

2장

이익과 손해를 따져서
권리를 선언한다는 것

민법은 모든 사람에게 평등하게 권리능력을 주고,

누구나 합리적으로 거래한다고 가정한다.

따라서 시민은 계약을 맺거나 재산권을 행사할 때

자기 이익은 자기가 알아서 챙겨야 한다.

그렇지 않으면 판사도 억울한 사람을 보호하기 어렵다.

민사재판에서는
사람을 흥부로 보지 않는다

판사로 일하면서 편하면서도 뿌듯했던 때는 사법연수원 교수 시절이다. 판결문을 쓰지 않아서도 좋았지만, 예비 법조인에게 가장 중요한 '민사재판실무'를 가르쳤기 때문이다. 이러저러한 증거와 법리에 따라 원고의 권리와 피고의 의무를 확정 짓고, "피고는 원고에게 얼마(몇 원까지)를 지급하라."라는 주문을 내는 모습이 처음에는 놀랍고 신기했을 것이다. 쉬는 시간에 제자들에게 "민사재판에서는 사람을 흥부로 보는가, 놀부로 보는가?"라고 묻곤 했다. 놀부라고 답하면서 얼굴을 붉힌 마음씨 착한 제자가 눈에 선하다.

경제학자들에 따르면, 어느 공동체가 구성원에게 재화를 어떻게 생산하고 분배할지를 정하는 방식은 세 가지다. 친족과 계층제도를 통해 내려오는 관습에 따라 정해지는 전통 방식, 중앙 권력자가 지시한 바에 따라 구성원이 생산하고 분배받는 명령 방식은 대부분 역사 속으로 사라졌다. 시장 방식에서는 개인이 자기 이익을 위해 자기 의사에 따라 생산하고 교환하고 소비한다. 우리가 채택한 시장경제 방식, 즉 자본주의는 사람이 재물과 돈에 대한 욕망을 따르며 자유롭게 경쟁하면 '보이지 않는 손(invisible hand)'에 의해 사회 전체적으로 부가 늘어나고 모두에게 유익한 결과를 가져온다는 믿음에 기초한다.

시장경제를 처음 체계적으로 논증한 영국의 경제학자 애덤 스미스(Adam Smith, 1723~1790)는 1776년 《국부론》에서 이렇게 주장했다.

우리가 밥을 먹고 술을 마실 수 있는 건 도축업자와 양조업자, 제빵사의 선의 덕분이 아니라, 그들의 이기심 덕분이다. 우리는 그들의 인간성이 아니라 이기심을 믿어야 하고, 그들에게 우리의 욕구가 아닌 그들의 이익에 대해 말해야 한다.[1]

개인의 자유를 떠받치기 위해 존재하는 것, 민법

민법은 사람이라면 누구나 일상생활에서 부딪치는 사적인 경제관계와 가족관계를 다룬다. 그중에서 먹고살기 위해 일하고, 번 돈으로 재화를 구입하고, 남에게 당한 손해를 구제받는 것을 정하는 재산법과 돈에 관한 분쟁을 해결하는 민사재판은 모든 사람에게 가장 중요하다.

황제 나폴레옹 1세(Napoléon Bonaparte, 1769~1821)는 프랑스대혁명의 정신에 따라 1804년 '나폴레옹법전(프랑스민법)'을 제정했는데, "나의 진정한 영광은 전쟁에서 40여 번의 승리가 아니다. 오히려 이 법전에 있다."라고 말했다. 그 정도로 민법은 중요하지만, 추상적인 개념으로 시민의 권리와 의무를 규율하는 민법을 제대로 이해하려면 법조인도 평생 공부해야 할 정도로 어렵다.

현재 우리나라는 조선시대처럼 전통 농경사회도 아니고 북한처럼 계획·명령 사회도 아니다. 시장경제에서는 기본적으로 시민이 재화를 교환할 때 '네가 주기 때문에 내가 준다(Do ut des)'는 상호성과 대가성에 따른다. '공짜 점심'처럼 남에게 호의로 베푸는 것에 대해 청탁금지법에 저촉되는지 따질 수는 있지만 민법이 관여할 게 아니다. 아무런 대가 없이 남에게 재화를 주기로 약속한 것은 '증여'라고 명명해서 특별히 취급한다. 시장경제에서 자기 이익은 제쳐놓고 우애만 소중히 여기는 흥부는 윤리적으로 권장될지 모르지만, 민법이 상정하는 인간은 아니다. 어떤 법서에도 명확히 쓰여 있지 않지만, 판사가 보기에는 당연한 이치다.

민법은 개인주의와 자유주의에 이념적 기초를 둔다. 쉽게 말하면 모든 사람은 각자의 일을 (누가 시키거나 어쩔 수 없어서 하는 것이 아니라) 자신의 자발적 의사에 따라 처리함으로써 행복하고 소중하다는 뜻이다. 그중에서 재산법은 사유재산권을 존중하는 것

(사유재산권 존중의 원칙)을 바탕으로, 모든 사람이 자유롭게 계약을 맺어서 법률관계를 형성하고(사적 자치의 원칙), 고의 또는 과실로 손해를 끼친 경우에만 책임을 지는 것(과실 책임의 원칙)을 기본으로 삼는다. 민법학자는 이런 원칙이 개인의 자율을 보장하며, 사적 영역에서 인격이 온전히 실현될 수 있도록 돕는다고 말한다.

물론 개인의 자유가 과도하게 강조되면서 공동체 차원에서 발생하는 폐해를 줄이기 위해 원칙이 수정되어야 한다는 이론도 있고, 민법 조문이나 법원의 판례에도 이를 반영한 게 많다. 요즘 정책의 효과에 대해 뜨겁게 논쟁하는, 임차인의 주거 안정을 위한 '임대차 3법'도 그중 하나다. 하지만 어디까지나 원칙은 원칙이고 예외는 예외다. 국가가 정당한 목적을 달성하기 위해 법으로 규제하더라도, 임대인과 임차인의 본질적인 자유를 침해할 수는 없다.

민법의 원칙 중에서 핵심은 '사적 자치의 원칙'인데, 자유롭고 평등하게 계약을 체결한다는 뜻에서 '계약 자유의 원칙'이라고도 한다. 계약 자유의 원칙에 따른 결과가 공정하려면, ① 계약 당사자에게 충분한 정보가 제공되어야 하고, ② 계약 당사자가 정보를 제대로 이해하고 판단할 수 있어야 하며, ③ 그 판단의 토대 위에서 대등하게 상대방과 협상할 수 있어야 한다.

하지만 현실에서는 정보력과 협상력을 가진 자와 못 가진 자 사이에 차이가 많은 경우(흔히 말해서 '갑을관계')가 있다. 이때 원칙과 현실을 어떻게 조화시킬지에 대해 판사들의 생각이 꼭 같지는 않다. 어떤 사람은 시민과 시장을 믿고 너그럽게 맡기자고 하고(사법소극주의), 다른 사람은 법원이 생각하는 바람직한 모습으로 나가도록 개입하자고 한다(사법적극주의). 논쟁이 되는 부분은 정보력과 협상력의 차이가 심할 때이고, 일반적으로는 계약 자유의 원칙을 보장하는 것이 옳다고 본다. 아무튼 시민은 자신의 뜻에 따라 일을 처리하고 돈을 버는데, 이 과정에서 다른 사람의 권리나 이익을 침해하면 법원이 민사재판을 통해 사적 분쟁을 심판한다.

자기 이익은 자기가 알아서 챙겨야

우리 법원에 2019년 한 해 접수된 민사사건은 475만 건이 넘는다. 금융기관이 빌려준 돈에 대해 확정판결을 받기 위한 소송이 상당수지만, 이를 빼더라도 많다. 조선 초기에도 전체 소송이 한 해 1만 건이 넘은 때가 많았다고 하니, 우리나라는 예로부터 '동방소송지국'이라고 할 만하다. 민사재판을 하면서 가장 안타까운 것은 순진한 사람이 상대방도 자기 마음인 양 믿은 나머지 계약하면서 거짓말에 속고 손해 보는 경우다. 나쁜 사람일수록 자기 이익만 생각해 법적 문제를 꼼꼼히 검토하거나 교활한 수법을 부리기 마련이다. 옛날 원님이라면 법을 뛰어넘어 착한 사람의 손을 들어주며 정의를 구현했다고 자부할 수 있지만, 지금 그

랬다가는 직권남용죄로 고소당할 판이다. 사적 자치의 원칙을 제한하는 신의 성실의 원칙이나 권리 남용 금지의 원칙(민법 제2조)을 적용해서 시민의 법 감정과 재판의 결론을 일치시킬 수 있으나, 여러 이유로 쉽지 않다.

몇 년 전 시민 단체에 강연을 나갔는데 "판사들이 세상 물정을 잘 모르거나 있는 사람의 편을 들어서, 착하고 억울한 사람이 많이 패소하지 않느냐."라고 따지는 사람이 있었다. 조금 당황했지만, "판사들이 보통 사람의 삶을 이해하지 못했거나 권력과 부에 아부해서 치우치게 재판했다면 잘못이다. 그러나 법리상 어쩔 수 없이 억울한 사람의 손을 들어주지 못하는 경우도 많다."라는 취지로 대답했다.

민법은 모든 사람에게 평등하게 권리능력을 주고, 누구나 합리적으로 거래한다고 가정한다. 따라서 시민은 계약을 맺거나 재산권을 행사할 때 자기 이익은 자기가 알아서 챙겨야 한다. 그렇지 않으면 판사도 억울한 사람을 보호하기 어렵다. 돈을 빌려주면서 상대방 말만 믿고 차용증을 받지 않았다가 증거가 부족해서 패소할 수 있다(믿은 탓). 고소를 취소한다고 해서 돈을 주면서 조건부 합의라는 사실을 적지 않으면 나중에 낭패를 볼 수 있다(안 쓴 탓). 집주인이 내민 임대차 계약서를 자세히 읽지 않고 도장을 찍으면 일방적으로 불리한 조항도 효력이 있다(안 읽어본 탓).

개인주의와 자유주의에 기반을 둔 민법은 엄숙한 표정으로

"권리 위에서 잠자는 사람은 보호하지 않는다."라고 말한다. 오랫동안 민사재판을 해온 판사로서 꼭 전해주고 싶은 말이다. 판사도 법에 의해 재판권을 부여받았으므로, 자기 생각과 가치관은 어떻든 법의 이념과 원칙을 따를 수밖에 없다. 바로 그것이 법치주의다. 세계사적으로 보면, 차가우면서도 합리적인 민법과 민사재판 제도가 엄청나게 경제발전을 이룩한 자본주의를 법적으로 뒷받침했다. 하지만 시민 모두에게 풍족한 재화를 줄 것이라는 약속은 지켜지지 않았고, 그 시기는 먼 미래로 미루어졌다. 개인의 이기심이 경제를 이끄는 힘이라는 애덤 스미스의 주장은 옳다. 그러나 '허영심과 만족을 모르는 욕망'을 지닌 부자의 '타고난 이기주의와 탐욕'조차도 '보이지 않는 손'에 따라 모든 사람에게 이익을 주리라는 생각은 그다지 설득력이 없다.

교수의 짓궂은 질문에 흥부라고 말한 제자는 자본주의 체제에서 작동하는 민법을 제대로 이해하지 못했거나 공부만 하느라 세상 물정을 익힐 시간이 없었으리라. 놀부라고 말하며 얼굴을 붉힌 제자에게는 이렇게 말하고 싶다. 사람을 이기적으로 보는 것은 사적 경제생활에서일 뿐이라고. 더 넓은 사회적 관계와 더 깊은 마음속에서는 그렇지 않다고. 그리고 지금 여기에서 덕을 쌓고 실천하는 것이 올바른 삶 아니겠냐고.

◇◇◇ 재판은 판사가 법정에서
◇◇◇ 말을 듣는 절차다

고대 그리스 민주주의에서 인기 직종은 소피스트였다. 민회나 법정에서 토론하고 설득하려면 말 잘하는 능력이 중요한데, 소피스트는 어떤 말을 어떻게 풀어내서 청중의 마음을 얻을 수 있는지 가르쳐서 돈을 벌었다. 어느 날 '일타 강사' 코락스가 제대로 못 배웠다고 주장하는 제자 티시아스에게 교습비를 돌려달라는 소송을 당했다.

"내가 제대로 배우지 못했다는 것을 증명해서 이긴다면, 나는 교습비를 돌려받을 수 있다. 만약 내가 이 소송에서 진다면, 바로 그 사실이 내가 못 배웠음을 증명하므로 돈을 돌려받아야 한다."

스승은 이렇게 받아쳤다.

"내가 티시아스에게 뭔가 가르쳤다는 것이 증명되면, 나는 소송에서 이기고 따라서 교습비를 돌려줄 필요가 없다. 만약 내가

이 소송에서 진다면, 바로 그 사실이 티시아스가 잘 배웠음을 증명하므로 돈을 돌려줄 필요가 없다."

혼란에 빠진 배심원들은 스승의 손을 들어주면서 이렇게 말했다고 한다.

"나쁜 까마귀(코락스)가 나쁜 알(티시아스)을 낳았도다."

1983년 어느 날 오후, 사법연수원 동기생과 함께 민사재판을 처음 방청했다. 변호사는 옆 사람에게만 들릴 정도로 조용히 말했고, 판사도 거의 묻지 않아 무슨 내용인지 알 수 없었다. 시간도 채 5분이 걸리지 않았다. 30여 년이 지났지만 소송 당사자는 여전히 말할 시간이 부족하다.

"말이 길어지면 제지하죠. 자기 할 말만 딱 하시고. 재판도 자꾸 여러 번 하는 거예요. 10분 하고 다음 재판은 두 달 뒤에……".

이런 불평은 판사에 대한 불신으로 이어진다. 판사는 판사실에서 기록을 잘 읽어보겠노라고 말하고 실제로도 그렇게 하지만, 시민에게는 보이지 않는다. 법률은 말로 변론하도록 규정하지만, 변호사는 문서 작성에 힘쓰고 구두(口頭) 변론을 가볍게 여긴다. 이유는 무엇일까? 민사재판에서 판사는 법정에 들어가기 전까지 사건을 알지 못하므로, 민사소송법에서는 미리 준비서면으로 공방할 내용을 제출하도록 한다. 변호사는 법정에서 그 문서에 따라 직접 말해야 하지만 시간이 걸리므로, 종전에는 이미 읽어본 것을 전제로 "2000년 10월 30일자 준비서면을 진술합니다."라고 말했다. 형사재판을 맡은 판사는 증거를 조사할 때 검사가 수사하면서 진술자가 말한 대로 조서를 작성했는지, 조서에 기재된 내용은 믿을 만한지 꼼꼼히 확인해야 한다. 그런데 종전에는 이 절차가 엄격히 시행되지 않으면서, 검사가 만든 조서가 유무죄를 판단하는 데 중요하게 작용했다(이른바 '조서재판').

말은 권력이다

이준웅 교수의 《말과 권력》에 따르면, 고대 그리스에서 벌어진 트로이전쟁의 서사시 《일리아스》에 테르시테스라는 병사가 등장한다. 그는 왕들이 모인 자리에서 전쟁으로 병사들은 힘들어하는데 전리품은 왕들에게 돌아갈 뿐이라고 비난했다. 오디세우스가 꾸짖고 때리자 피눈물을 흘리며 두려움에 떠는 것을 보고 왕들은 웃기 시작했다. 감히 평민이 주제넘게 왕들 모임에 끼어들어 말했기 때문이다.[2]

어떤 집단에서 말을 많이 하는 사람이 권력을 가졌을 가능성이 크다. 말을 시작하고 끝내는 권리의 행사 방식, 자리의 위치와 높이가 권력관계를 드러낸다. 약자는 기회가 주어졌을 때 말로 설득해서 권력에 대항한다. 법정을 살펴보면, 법대가 방청석보다 높고 판사가 재판의 시작과 끝을 선언하고 누구에게 얼마나 말할 기회를 줄지 정한다는 점에서 판사에게 권력이 있는 것은 분명하다. 하지만 판사는 사실관계를 모르기 때문에 말을 많이 해야 하는 사람은 당사자와 변호사다. 한쪽이 말했으면 판사는 다른 쪽에게 반박할 기회를 골고루 주어야 한다. 판사는 양쪽 말을 듣다가 필요할 때만 개입해서 묻거나 말한다. 형사재판에서는 검사의 권한이 월등하므로 말하는 순서에 대해 법이 정한 절차를 엄격하게 지켜야 한다.

형사재판의 전 단계인 수사절차에서 경찰과 검사는 피의자를 추궁하고 피의자 신문조서를 작성하는데, 조서를 어떻게 취급할지는 아주 중요한 문제다. 종전에는 경찰이 작성한 조서는 피고인이 내용을 인정할 때만 증거로 쓸 수 있지만, 검찰이 작성한 조서는 믿을 만한 상태에서 피고인이 말한 대로 적혔다면 (내용을 부인하더라도) 증거로 쓸 수 있도록 했다. 차이를 둔 이유는 검사가 법률 전문가이므로 공정하게 수사할 것이라 기대한다는 것이다. 하지만 실제로는 공판절차가 조서의 확인절차로 변질되고 검사의 수사가 형사재판을 좌우하는 결과를 가져왔다. 영국과 미국은 물론 독일도 검사가 만든 피의자 신문조서에 증거능력을 인정하지 않는다.

오랫동안 논쟁 끝에 검찰의 완강한 반대를 극복하고 우리나라에서도 형사소송법이 개정되면서 2022년 1월부터는 피고인이 내용을 인정할 때만 증거로 삼을 수 있다. 2021년 현재 공판 중인 형사사건은 피고인 수 기준으로 약 10만 건이라고 한다. 오늘도 수백 건의 형사사건이 각지의 법정에서 진행되고 있다. 이제 검사들도 범죄자는 춤추고 피해자는 피눈물 흘릴 거라고 비난하지 말고, 과학적으로 수사하는 기법을 늘려야 한다. 법원은 형사재판관 수를 늘리고, 합리적이고 효율적으로 피고인을 신문해서 공판을 형사절차의 중심으로 정착시켜야 한다.

역사적으로 볼 때 엄격한 소송절차를 통해 사적 분쟁을 해결한 대륙법계 국가는 법률가가 작성한 서면을 중시했다. 심지어 "서면에 기재된 것만이 진실이고, 서면에 기재되지 않은 것은 현실 세계에 존재하지 않는다."라는 법언이 통할 정도였다. 그 결과 법리에 밝은 법률가의 역할이 커졌다. 하지만 변호사가 만든 서면은 한쪽을 두둔하거나 대변하는 것이고, 검사가 만든 조서는 비공개 검사실에서 일방적으로 추궁한 것으로 진실을 왜곡할 가능성이 크다. 따라서 판사는 당사자가 사실관계를 충분히 설명하고 법적 의견을 낼 수 있도록, 서면의 중요 내용을 말하게 하고 논쟁을 효율적으로 유도해야 한다.

'청송(聽訟)'이나 '히어링(hearing)'이라는 말에서 보듯, 재판은 판사가 법정에서 말을 듣는 절차다. 법정에 나온 사람은 처음 온 경우가 대부분이다. 피고인은 어떻게든 위기에서 빠져나가려 애쓴다. 변호사는 유리한 쟁점은 부풀리고 불리한 쟁점은 희석시키며 비슷한 말만 반복하기도 한다. 하지만 판사는 그 말을 자르거나 질책해서는 안 된다. 자신의 판단에 대한 과신, 타인에게 둔감한 반응을 보이는 것도 금물이다.

겸손하고 열린 마음으로 들어야

찬찬히 생각하면 근심, 긴장, 당황, 초조, 불안감, 흥분, 스트레스를 겪는 당사자에게 짧은 시간에 요령 있게 말하라고 요구하는 것 자체가 무리다. 어느 당사자는 법정에 들어왔을 때 느낌을 이렇게 말한다.

"법정에 앉아서 기다릴 때는 어린아이가 엄마한테서 무슨 잘못을 저질러서 판정을 내려주길 바라는 것처럼 있게 돼요. 아무 잘못이 없어도 일단 굉장히 떨리잖아요. 가슴이 쿵쾅쿵쾅거리면서 조마조마한 거예요. 거기 가서 진실을 이야기하면 되지 하고 간단하게 이야기할 수도 있지만, 일단 그 상황이 되면 떨리고 내가 무슨 말을 했는지도 잘 기억이 안 날 수도 있는 그런 상황이에요."

그러므로 판사는 온화하고 부드럽게 법정 분위기를 이끌어 의사소통이 잘되도록 해야 한다. 당사자가 말할 때 눈을 맞추고 귀기울여 듣는다. 이해가 안 되는 경우 '예' 또는 '아니오'로 대답하라고 다그치지 않고 차분히 되묻는다. 어려운 법률용어는 쉬운 우리말로 풀어서 사용한다. 나 홀로 소송에서는 "원고의 주장은 이런 것이지요."라는 말로 정리한다. 재판을 끝낼 때는 "이 사건과 관련해서 제일 억울한 점은 무엇인가요?"라고 묻는다.

글 첫머리에서 소개한 코락스는 참주(독재자)가 축출되고 민주주의가 회복되면서 과거에 몰수된 재산을 청구하는 소송이 붐어나는 상황에서 이기는 방법(변론술)을 가르쳤다고 전해진다. 절대

권력이나 절대적 종교가 지배하는 사회에서는 말로 설득하는 것이 필요하지도 않고 적절하지도 않다. 현대는 민주주의 시대다. 권위의 시대는 갔고, 설득의 시대가 왔다. 말은 논리적으로 타당할 뿐만 아니라 상대에게 감동을 주어야 설득할 수 있다. 말하기는 무엇보다도 먼저 듣기다. 상대의 말을 잘 듣고 제대로 이해해야만 내 뜻을 전하고 설득할 수 있다. 법정에서 변호사는 판사의 말을 잘 듣고, 판사는 당사자나 변호사의 말을 잘 들어야 한다. 사람들은 변호사라면 말을 잘하리라고 생각하지만, 법대 위에서 보면 다 그렇지는 않다. 당사자가 직접 나온 경우 더욱 그렇다.

여기서 《변호사 논증법》을 쓴 최훈 교수의 '논쟁에서 이기기 위한 네 가지 논리'를 소개한다. ① 상대방의 주장에 자비를 베풀어 최대한 합리적인 주장으로 해석하라. ② 상대방이 받아들일 수 있는 주장으로 설득하기 위해서는 받아들일 수 있는 근거를 제시하고, 상대방 논증에서 그 근거를 찾아라. ③ 입증할 책임이 있는 사람은 회피하지 말고, 상대방이 가진 입증할 권리를 침해하지 마라. ④ 논점에서 벗어나지 마라.[3]

예를 들어보자. 오래전 어린이 TV 프로그램 〈꼬꼬마 텔레토비〉의 '보라돌이'가 게이라는 주장이 있었다. 당신이 변호사라면 어떻게 대응할까? ① 보라돌이가 게이라 할지라도 변호한다. ② 역삼각형 뿔, 보라색, 빨간 핸드백은 정말 게이의 상징일까? ③ 게이라고 주장한 네가 근거를 제시하라. ④ 근데 보라돌이가 게이인 게 왜 중요한 건데?

　우리는 누구나 자기 말을 잘 들어주는 사람을 좋아한다. 길고 짧은 건 대봐야 아는 법이고, 옳고 그른 건 양쪽 말을 다 들어봐야 아는 법이다. 실체적 진실은 애초부터 존재하는 게 아니라 설득과 토론을 통해 파악되고 구성되는 것이다. 민주주의는 모두가 말하고 모두가 듣고 모두가 참여하는 것을 보장한다. 이 말이 모두 맞는다면, 판사는 겸손하고 열린 마음으로 말을 경청할 직무상 의무가 있다. 설령 변호사가 티시아스처럼 말도 안 되는 억지를 부리거나 떼를 쓰더라도 판사는 들어야 한다. 조선의 가장 뛰어난 법학자이자 재판관인 정약용 선생은 1818년에 쓴 《목민심서(牧民心書)》에서 이렇게 말했다.

　"송사를 심리하는 근본은 성의(誠意)에 있고, 성의의 근본은 홀로 있을 때의 마음가짐과 행동을 참되게 하는 데 있다(聽訟之本 在於誠意, 誠意之本 在於愼獨)."[4]

법정 문을 여는 열쇠,
법리와 판례

우리는 초등학생 때부터 삼권분립 이론을 배운다. 법을 만드는
입법부와 법을 집행하는 행정부, 법을 해석하고 적용하는 사법
부에 권력을 나누어주고 서로 견제하게 해서 국가권력의 남용을
막는다. 그런데 사람에 따라 생각이 다르고 의견이 엇갈리는 사
건에서 판결이 선고되면, 어떤 사람은 "법대로 판단하라."라고 말
한다. 수학 공식처럼 법을 기계적으로 적용하면 충분한데, 판사
가 요령을 피워 복잡하게 만든다는 것이다. 다른 사람은 "귀에 걸
면 귀걸이 코에 걸면 코걸이 식으로 판단하지 말라."라고 말한다.
법 규정이 너무 모호해 판사 마음대로 해석하기 나름이라는 것
이다. 판결을 보도하는 언론은 법률가의 주장과 논리가 생소해서
와닿지 않고, 판결문에 적힌 법리와 판례가 어려워서 이해하기
힘들다고 하소연한다.

대체로 시민은 법률이 완전하고 흠결이 없어서 판사가 그대로 적용하면 된다고 생각하는 듯하다. 육법전서만 암기하면 된다거나 판사를 못 믿으니 'AI(인공지능) 판사'로 바꾸자는 생각도 같은 맥락이다. 맞는 말일까?

형법 제250조는 사람을 고의로 죽인 살인죄를 처벌한다. 그런데 사람은 법적으로 정확히 언제 태어나 죽는 것인지, 고의로 죽이는 것은 과실로 죽게 한다는 것과 어떻게 구별되는지, 행위와 죽음의 인과관계는 어떻게 판단할지, 안락사와 존엄사도 처벌해야 하는지 등 어느 기준을 취하느냐에 따라 결론이 달라지는 게 많다.

민법 제750조는 "고의 또는 과실로 인한 위법행위로 타인에게 손해를 가한 자는 손해를 배상할 책임이 있다."라고 규정한다. 하지만 피해자 측 변호사는 불법행위 법리를 제시한 많은 판례를 찾아보고 검토해야만 손해를 배상받을 수 있다. 법을 문언대로 적용한 결론이 사회윤리적으로 부당하면 판사에게 수정할 권한을 주는 '신의 성실의 원칙'과 '권리 남용 금지의 원칙'도 판례를 들추어보아야 법원이 어떤 경우에 '선과 형평'의 기술을 활용하는지 알 수 있다.

헌법 제19조는 양심의 자유를 보장하는데, 어느 정도의 신실한 종교적 믿음이 있어야 병역을 거부하는 게 정당화되는지는 판사의 가치관에 따라 달라질 수 있다. 종교가 아니라 개인적 신념으로 병역을 거부하는 경우에는 더욱 논란의 대상이 된다.

법리는 무엇이고, 판례는 무엇인가

서양사에서 동로마 제국의 황제 유스티니아누스 1세(Flavius Petrus Sabbatius Justinianus, 483~565)는 1,000년 동안 내려온 고전 로마시대의 법을 집대성하고, 자기가 정리한 '로마법 대전'이 완전하고 흠결이 없어서 모든 법률 문제를 해결할 수 있다고 생각했다. 내용이 명확하다며 해설을 금지했지만, 그가 죽기도 전에 해설서가 나왔다. 프랑스대혁명의 자유와 평등의 정신을 계승했다고 생각한 황제 나폴레옹은 '나폴레옹법전'으로 법을 제정하고, 법률가를 쓸모없는 사람으로 만들려고 했다. 대혁명 전 절대왕정의 '구체제(앙시앵 레짐)'에서 법복귀족이 법 해석이라는 이름으로 교묘하게 비틀어 자기들 권한만 확대했던 폐습을 없애려 한 것이다. 하지만 결과는 다르지 않았다. 단순 명확한 법을 만들어 말만 복잡하게 늘어놓는 법률가를 없애고 판사를 '법의 문구를 말하는 입'으로 만들려는 권력자와 시민의 '선량한 의도'의 만남은 역사상 성공한 적이 없다.

21세기 대한민국은 어떤가? 민법을 읽고 바로 자신의 권리와 의무가 무엇인지 알 수 있는 보통 사람은 없다. 솔직히 말해 판사의 시각에서 의심할 여지없이 무엇을 말하는지 명백한 법조문은 하나도 없다. 쟁점마다 수많은 통설과 유력설, 소수설과 반대설이 법학도를 괴롭힌다. 문구만으로는 분명한 조문도 구체적 사건에 적용하면 모호하거나 추상적인 방향만 제시한 게 많다. 나아가 판사는 굳어버린 법률을 세상의 변화에 맞추어 해석할 의무가 있다. 그런데도 판사는 법을 수학 공식처럼 적용하는 것일 뿐이라는 생각이 퍼져 있는 현상은 심히 유감이다.

그렇다면 '법리(法理)'란 무엇일까? 법리는 법을 해석하고 적용하는 과정에서 활용할 수 있도록 실정법과 판례 또는 학설을 소재로 만들어진 구체적 법 명제의 체계적 집합이다. 예를 들어, 계약이 문서에 적힌 대로 효력이 있으려면 의사표시 과정과 내용에 문제가 없어야 한다. 민법은 의사표시 과정상 문제에 대해서는 ① 의사무능력과 제한행위능력, ② 의사의 흠결(허위표시, 비진의 의사표시, 행위의 착오), ③ 사기나 강박의 하자 있는 의사표시로 나누어서 규율한다. 계약 내용의 문제에 대해서는 ④ 반사회질서(공서양속 위반), ⑤ 원시적 불능으로 나누어 규제한다. 개념마다 의미를 밝히는 법학자의 주장이 많고, 재판에서 판사가 내린 판결도 많다. 이것들을 체계적으로 정리한 게 법리다.

이해하고 암기하려면 많은 시간과 노력이 필요하지만, 보통 사람은 걱정하지 않아도 된다. 변호사에게 법리는 공통되고, 그 법리에 따라 알아서 공방을 벌인다. 법학도는 육법전서를 외우는 게 아니라 법리를 모아놓은 법서를 이해하느라 밤늦게까지 공부한다. 법리는 같은 성격의 사건이라면 결론이 같아야 하는 '법적 안정성'을 지켜내고, 시민에게 '법적 행위의 지침'을 제공한다. 하지만 모든 측면에서 같은 사건은 드물고, 원칙과 예외로 복잡하게 얽힌 법리 중에서 어떤 것을 적용할지 의견이 대립된다. 나아가 법이 작동하는 사회 현실과 가치를 어떻게 반영할지 생각이 다르기 때문에 중요 사건마다 법리 논쟁이 치열하게 벌어진다.

판사가 입만 열면 말하는 '판례(判例)'란 무엇인가? 판례는 법원이 구체적인 사건에서 재판을 통해 선언한 법에 대한 해석으로 장래 재판에서 지침이 된다. 시민이 지금 여기에 '살아 있는 법'을 알려면 법전이 아니라 판례를 보아야 한다. 사람들은 같은 사건이면 판사의 결론이 같아야 한다고 생각하고, 일부 언론은 사회적으로 중요한 사건에서 재판부에 따라 다른 결론을 내리면 큰일 난 것처럼 호들갑을 떤다. 적절하지 않다. 우리 사회는 하나의 생각과 가치관과 정의감으로 통합하기에는 너무 다양하고 복잡해졌다. 법률 문구도 명확하지 않은 게 많고, 입법과정에서 생각하지 못한 상황 변화나 미묘한 차이를 판사가 고려할 것인지도 견해가 대립된다.

오히려 정답은 하나고 다른 것을 불온시하는 태도가 문제일 수 있다. 부딪치는 가치관과 이해관계를 조절하는 해법은 복수이거나 그 사이에 존재할 수 있다. 사법적으로는 대법원이 하급 법원의 모순된 견해를 통일한다. 사업자는 정당한 이유가 없으면 근로자를 해고할 수 없고(근로기준법 제23조), 사업자들이 부당하게 공동행위(담합)를 하는 것은 불법인데(독점규제 및 공정거래에 관한 법률 제19조), 정당과 부당을 가르는 선이 모든 사람에게 명확하고 하나인 것은 아니다. 4차 산업혁명으로 플랫폼 사업이 비약적으로 발전했는데, 종전 법리와 판례를 그대로 적용할지도 충분히 논쟁해야 한다. 하급 법원에서 결론이 다를수록 대법원은 다양하고 깊이 있게 생각해서 좋은 결론을 내릴 수 있다.

판례에 대해서도 성찰하고 비판해야

판례는 법에 대한 해석이므로 그 자체로 법은 아니다. 하지만 어떤 쟁점에 대해 하급심 판사가 판례에 반하는 법리를 취하면 대법원에서 파기될 수 있으므로 대법원 판례는 사실상 법으로 기능한다. 변론을 준비하는 변호사도 종전 판례를 참조해서 주장의 근거로 삼는다. 물론 판사도 사건마다 판례를 들추어본다. 종전 판례가 권위 있는 견해이거나 이론적으로 탁월하기 때문이다. 또는 다르게 생각하는 게 귀찮거나 파기당하기 싫어서일 수도 있다. 하지만 대법원 판결을 맹목적으로 따르는 것은 옳지 않다. 법조인은 다 알지만, 간통죄가 위헌인지 그리고 양심에 따른 병역거부가 정당한지에 대해 대법원과 헌법재판소는 여러 번 다수의견과 소수의견으로 나뉘어 치열하게 논쟁을 벌였다. 최근에야 결론이 났고, 사회적 논쟁은 잠잠해졌다.

다수의견과 소수의견이 대립되고 판례가 변경되는 데서 알 수 있듯, 법리는 완벽하지 않고 사회가 변해 더는 타당하지 않는 경우도 있다. 판사는 '법률가적 사고방식'에 따라 성찰하고 궁리하며, 판례가 제시한 법리와 비교하고 검토해야 한다. 이때 옛것에 토대를 두되 그것을 변화시킬 줄 알고, 새것을 만들어가되 근본을 잃지 않아야 한다. 연암 박지원(朴趾源, 1737~1805)이 말한 '법고창신(法古創新)'의 정신이다.

전해 내려오는 법언 중에 "법원은 법을 안다. 네가 내게 사실을 주면, 나는 너에게 법을 줄 것이다."라는 말이 있다. 당사자는 사안에 적용되는 사실만 입증하면 법에 관하여 변론하거나 증명할 필요가 없다는 뜻이다. 하지만 현행 법체계상 당사자가 권리를 주장하려면 어떤 법률 조문과 판례에 기초한 것인지 명확히 하고 그에 따른 사실을 하나하나 주장하고 입증해야 한다. 이 때문에 시민은 법리와 판례라는 열쇠가 있어야 법정 문을 열 수 있다. 문제는 판사가 법 원칙과 논리에 따라 제시한 법리가 '사람으로서 최소한 도덕률'에 따른 시민의 법 감정과 괴리가 발생할 때다.

몇 년 전 사회적으로 관심이 많은 사건에서 어느 판사가 법리는 양보할 수 없는 명확한 영역이어서 고민할 사안이 아니었다고 말해서 논란이 일었다. 하지만 모든 법조인이 동의하는 법리는 없다. 시민의 법 감정과 명백히 다른 결론을 낼 때 이유를 알기 쉽게 설명한 '수필 같은 판결문'을 보면 사람 냄새 난다고 느낄 것이다. 여론을 주도하는 언론이나 전문가도 '내로남불'식 진영 논리에 빠지지 말고, 판결이 제시한 법리와 추론 과정을 분석한 후 평가하고 비판해야 한다. 법리와 판례를 판사의 고유 영역이라며 도외시하는 태도는 사법에 대한 민주적 통제를 포기한 것이다.

전문가 아닌
판사가 판단하는 법

평소 알고 지내는 의사에게 질문을 받았다.

"의사가 대학병원이나 종합병원에서 일하려면 전공을 선택해서 박사학위가 있어야 하는데, 판사는 박사학위 없이 그 많은 재판을 해낼 수 있나요? 특허나 조세 전문 변호사처럼 전문 판사가 없어서 재판을 믿지 못하는 것 아닌가요?"

학사학위밖에 없어 당황했지만 이렇게 답변했다.

"재판은 민사·형사·행정·가사 재판으로 나뉘고 전문 분야를 담당하는 전문 재판부가 수십 개 있습니다. 다만 의사처럼 평생 하나의 전문 분야만 하는 게 아니고, 몇 년마다 바꾸지요."

그러자 다시 물었다.

"바꾸는 이유가 뭐죠? 한 판사가 그 많은 전문 분야를 어떻게 알아서 판단하나요?"

우리나라에서 특허법원과 가정법원, 서울행정법원과 서울회생법원을 제외한 모든 법원의 판사는 다양한 소송사건을 맡는다. 그런데 일반 사건도 판사의 법률 지식과 경험만으로 판단할 수 없는 경우가 많다. 부동산의 시가나 권리금을 정해야 하는 사건, 토지의 경계를 확정 지어야 하는 사건, 문서에 찍힌 필적이나 인영을 확인해야 하는 사건, 교통·산재 사고로 인한 신체 노동능력 상실률을 정해야 하는 사건, 건설공사에서 기성고(旣成高)나 하자의 정도를 정해야 하는 사건이 대표적이다. 나아가 특허 등 지적재산권 분쟁에 관한 사건, 컴퓨터와 디지털 기록매체에 남겨진 증거를 다투는 사건, 의료사고나 환경사고의 원인을 규명하는 사건 등 전문 사건에서는 전문가 도움이 꼭 필요하다. 이렇게 재판하면서 판사가 전문가의 도움을 받는 절차가 '감정(鑑定)'이다. '감식(鑑識)'은 수사기관이 수사하면서 전문가에게 맡기는 절차이고(디지털 정보를 분석해서 범행 증거를 확보하는 디지털포렌식이 대표적이다), '감정평가'는 부동산 등 재화의 경제적 가치를 평가하는 절차인데 감정에 속한다.

민사재판의 승패는 사실관계가 좌우한다
민사재판에서 승패를 좌우하는 것은 흔히 생각하듯 법률이나 판례가 아니고, 전관 변호사는 더욱 아니다. 판례가 없거나 법적 쟁점이 난마처럼 얽힌 사건이 아니라면 누가 주장하는 사실관계가 맞느냐로 승부가 갈린다. 보통 계약서 등 서증이 어떤 내용으로 적혀 있고 해석되는지, 어느 증언을 믿을 수 있는지가 중요하다. 이때 판사는 축적한 경험과 노하우에 따라 판단하면 된다. 반면 과학기술이나 첨단 디지털경제가 문제 되는 전문 영역 사건에서는 전문가 도움이 필요하고 그 의견이 소송의 승패에 결정적으로 영향을 미친다. 선진국에서도 교통사고로 인한 손해배상 사건은 감정 의사의 노동능력상실률 판정이 절대적이므로 '하얀 가운 재판관'에 의한 재판이라 비판받는다.

감정은 판사의 인식과 판단능력을 보충하려고 법원이 위촉한 전문가(감정인)가 전문적 경험과 지식을 '전제사실'에 적용해서 얻은 판단을 보고하는 절차다. 전제사실은 감정인이 판단의 기초로 삼아야 하는 구체적 사실을 말한다. 예를 들면 의료과오소송에서 대상 의료 행위가 있었는지 육하원칙에 따라 특정된 사실을 전제사실이라고 한다.

그런데 실제 소송에서 변호사는 그 분야를 잘 모른다는 이유로 감정 결과를 분석하는 데 소홀하기 쉽다. 판사도 꼼꼼히 검토하지 않은 채 감정인만 믿고 감정서를 그대로 받아들일 수 있다. 감정인도 판사가 알아서 검토하겠지 생각하며 책임을 떠넘길 수 있다. 상황을 잘 모르는 당사자는 결과를 그대로 수긍하거나 무조건 비난할 수밖에 없다. 이런 악순환이 계속되면 전문 영역 재판에 대한 신뢰는 의심받는다.

이 문제를 어떻게 해결할 것인가? 소송당사자와 변호사 시각에서 보면, 먼저 법원이 지정한 감정인이 공정하고 전문성을 갖추었는지 검토한다. 법원은 대부분 전문가 단체에서 명단을 받아 전산시스템으로 감정인을 선정하지만, 보험회사의 자문의가 신체 감정인까지 맡는 등 부적절한 경우가 있다. 명단이 없는 특수한 전문 영역은 법원에 전문가를 찾아달라고 요청하면서 상대방이 추천한 전문가의 능력과 공정성 여부를 확인한다. 감정 신청서에 적는 전제사실은 법원에 제출된 증거로 인정되어야 하므로, 상대방이 증거도 없이 일방적으로 적었는지 살피고 지적한다. 감정인이 제출한 감정서에도 전제사실에 오류가 없는지 대조하고, 필요한 경우 증거를 추가로 내며 전제사실을 정정해서 사실조회나 보완 감정을 요청한다.

감정서를 교부받은 변호사는 의뢰인에게도 사본을 주고, 그 분야 다른 전문가에게 확인해서 감정 절차와 결과에 잘못이나 편견이 있는지 검토한다. 보완할 수 없을 정도로 오류가 발견되면 재감정을 신청한다. 이때 법원을 거치지 않고 직접 의뢰해 얻은 사감정(私鑑定)으로 법원 감정의 신빙성을 탄핵할 수 있다. 어쨌든 법률 전문가는 전문 지식에 바탕을 둔 감정서를 이해하기 어려우므로, 감정인이 변호사와 질문과 답변, 논쟁을 벌이는 감정인 신문이 제일 중요하다. 법정에서의 감정인 신문이 활성화되고 내실화되면 전문 재판에 대한 불신은 많이 해소될 것이다.

판사는 전문 사건에서 감정 절차를 어떻게 관리해야 하는가? 무엇보다도 판사가 절차를 주재한다는 생각이 중요하다. 어떤 감정인을 선정할지, 무엇을 감정 사항으로 정하고 전제사실은 어떻게 확정할지, 어떤 기준으로 보완 감정 또는 재감정을 실시할지, 감정인 신문을 어떻게 시행할지에 대해 변호사나 감정인만 믿지 말고 주도적으로 관여해야 한다. 감정인과의 긴밀한 협력·감독 관계도 필요하다. 필자가 처음 시도한 '심리적 부검'도 재판부가 감정 절차를 주도했다.

여기서 법원이 선정한 감정인 1인이 시행하는 현재 절차가 적절한지 살펴본다. 독일을 비롯한 대륙법계에서는 당사자에게 감정인 선정권을 인정하지 않고, 법원이 직권으로 감정인을 단수로 지정하고 그 사람이 서면으로 감정서를 제출한다. 이와 달리 영미법계에서는 원칙적으로 쌍방 당사자가 각각 감정인을 지정해서 감정서를 제출하고, 법원은 양쪽 감정인을 법정에 출석시켜 절차와 결과의 적절성을 따진다. 진실을 파악하는 방법에 대해, 이성과 지식을 갖춘 전문가가 합리적으로 도출한다는 대륙의 '합리론'과 감각과 경험으로 인식이 가능하며 논쟁과 비판으로 검증된다는 영미의 '경험론'의 차이가 감정 절차에 반영된 것이다. 우리 법원이 감정인을 복수로 선정하는 것은 현행법상 부적절하지만, 재감정이나 사감정도 적절하게 활용되어야 한다고 생각한다.

마지막으로 판사는 감정서를 어떻게 평가해서 결론을 내렸는지 판결문에 자세히 적어야 한다. 당사자가 법원의 판단을 비판적으로 분석해서 승복 여부를 결정하는 데 필요하기 때문이다.

과연 전문 법관의 도입이 답일까

2021년 1월 서울중앙지방법원은 가습기 살균제를 제조·판매한 업체 대표와 임직원의 업무상과실치사상 혐의에 대해 무죄를 선고했다. 가습기 살균제의 주요 성분(CMIT와 MIT)이 폐질환이나 천식을 유발했다는 점에 대해 충분히 입증되었다고 보기 어렵다는 것이다. 피해를 신고한 사람이 1,000명을 넘고 많은 사람이 사망했기 때문에 판결에 대한 반발이 거세다. 법정에 나와 '전문가 증인(감정인과 비슷함)'으로 증언한 과학자들은, "재판부가 증언과 연구를 문맥과 달리 취사선택했다. 과학자로서 단정적인 결론을 내리지 않았을 뿐인데 인과관계를 부정하는 증거로 인용되었다."라고 비판했다. 언론에 따르면 과학자들은 노출 재현 실험과 세포독성 실험, 흡입독성 실험을 했다고 한다. 그렇다면 실험의 절차와 결과는 적절하고 합리적인지, 실험 결과에 비추어 법적 인과관계를 인정할 수 있는지가 문제의 핵심이다.

전통적으로 법원의 기능은 중립적이고 독립된 법관에 의한 공정한 사법심사를 통해 시민의 권리를 구제하는 것이었다. 그런데 경제성장과 더불어 사회의 여러 분야가 급격히 발전하고 법률 분쟁이 복잡해지면서, 법원도 전문화해서 재판의 질과 효율성을 향상시킬 책임이 있다. 특정 분야에 전문 지식을 갖춘 전문 법관이 재판한다면 양질의 판단이 내려질 가능성이 크다. 또한 전문 법관이 특정 사건을 반복적으로 처리하면 숙련도가 높아져 효율적으로 사건을 처리할 수 있다. 재판의 통일성도 높아져 판결의 예측 가능성이 커질 것이다.

하지만 전문 법관 제도가 장점만 있는 것은 아니다. 소수 전문 법관이 이해관계인의 영향이나 압력에 쉽게 노출되어 재판의 독립과 공정이 침해될 가능성이 크다. 특정 분야 전문 변호사와 학술 교류 등으로 만날 일이 많아지면서 그들의 사고방식에 빠지고 특정 업계의 이해관계에 포획될 수 있다. 또한 전문 법관은 '큰 그림'을 보지 못하고 해당 전문 분야만 근시안적으로 보면서, 법 원칙이나 기본적 인권에 대한 인식이 약화될 수 있다. 따라서 전문 재판의 필요성이 뚜렷한 분야는 전문 법관 제도를 활용하되, 선진국에서 발생한 폐해가 일어나지 않도록 보완조치가 필요하다.

전문 법관 못지않게 중요한 것이 전문 법원이다. 서울행정법원과 특허법원은 1998년에, 서울회생법원은 2017년에 설립되었다. 당시에는 판사의 전문성이 떨어진다는 등의 이유를 대면서 반대하는 견해가 많았지만, 지금은 대부분 전문성과 효율성을 높이 평가한다. 시민과 국가가 믿고 일을 맡기면 판사들은 어떻게든 해낸다. 그런 점에서 독일처럼 노동·사회 법원도 빨리 설립해야 한다고 생각한다. 오래전에 노동사회/복지사회가 열렸는데, 그 많은 예산이 비합리적·비효율적으로 관리되는 일이 많다. 노동·사회복지에 대한 예산 집행이 행정처분으로서 전문 법원에서 심사를 받는다면, 법치주의는 충실해지고 시민의 생존권은 공고해질 것이다.

판사는 평생 재판하는 사람으로서 관심 분야를 공부해서 전문 법관으로서 능력과 자질을 갖추어야 한다. 하지만 내내 한두 개 전문 분야만 재판하는 것은 부적절하다. 특정 분야만 계속 재판하면 판관으로서 필요한 지혜를 갖추기 어렵고, 독립성과 공정함이 떨어질 수 있기 때문이다. 한편 변호사의 전문성은 제고되고 전문 변호사 제도는 더 많이 시행되어야 한다. 한 사람의 변호사가 많은 전문 분야를 다 알 수 없고, 사법 서비스 수요자인 시민도 기왕이면 전문 변호사가 변호해주기를 절실히 바라기 때문이다. 양쪽 당사자가 전문 변호사를 선임하고 그 변호사들이 전문적으로 논쟁을 벌인다면, 판사는 전문가가 아니더라도 잘 듣고 올바른 판결을 내릴 수 있다. 이런 점에서 형사재판의 한쪽 당사자인 검사도 지금보다 더 전문화되어야 한다.

판사는
판결로 말한다

판결문을 처음 쓴 지 30년이 지났다. 전부 모아놓으면 책 100권 분량도 훨씬 넘을 터인데, 판결문 쓰는 일은 여전히 힘들고 어렵다. 세상만사가 복잡해지고 변호사의 주장이 다양해져서 판단을 내리기는 어렵고, 그것도 빠짐없이 적어야 하니 판결문 쪽수는 늘어났다. 처음 접했을 때 껄끄럽기만 했던 용어와 문체로 일주일에 판결문을 몇 개씩 작성하면서, 다른 유형의 글은 거의 쓰지 않았고 쓸 수 없을 정도가 되었다. 하지만 판결문에 대한 시민과 법 전문가의 평가는 박하기만 하다. 일본식 한자투성이인 법률용어, 읽다가 숨넘어가는 문장의 장황함과 난삽함, 이해되기를 포기한 듯 얽히고설킨 논증에 대한 불평은 끊임없이 나온다. 심지어 문장이 아니라는 혹평도 있다. 판사는 재판의 꽃이자 열매로 생각해서 야근과 주말 근무를 하면서까지 판결문을 작성하는 데

온갖 노력을 기울인다. '판사는 판결로 말한다'는데, 그렇게 중요한 말이 시민에게 잘 이해되지 않는 이유는 무엇일까?

오래전 법원을 출입하는 기자에게 질문을 받았다.

"판사님들을 만나보면 성격이나 취향과 생각이 다 다른데, 어째서 판결문은 한 틀에서 나온 것처럼 똑같나요?"

모든 법령을 검토하지는 않았지만, 판결문만큼 법률(민사소송법 제208조, 형사소송법 제323조)로 기재할 내용을 자세하게 규정한 공문서는 없을 것이다. 재판을 진행하고 결론 내는 과정에서 판사의 자의와 재량을 억제하고 법치주의를 실현하기 위해서다. 법학전문대학원생은 판결문을 작성하는 방법을 자세히 배우며 암기하고 실제로 써본다. 판사실에는 각종 판결문을 작성하는 요령과 주의 사항을 정리한 자료가 많다. 어느 판사가 맡든 설명과 결론은 원칙적으로 같아야 하기 때문이다. 판결문은 무미건조하고 냉혹하다. 그 이유를 박주영 판사는 《어떤 양형 이유》라는 책에서 재치 있게 설명한다.

판결문은 마지막 물기 한 방울까지 짜내고 짜낸 메마른 문장이다. 판결문의 강력한 힘 때문에 오독은 최악이다. 오독을 피하려면 문장은 명확해야 한다. 주어와 목적어와 서술어가 중요하다. 부사에게 배역은 없고 형용사도 단역에 불과하다. 그리움, 후회, 사랑 따위 감정언어의 자리는 물론 정의, 도덕, 선, 악 따위 형이상학적 언어의 자리 역시 없다. 상징과 은유는 상상할 수도 없다.[5]

판결문은 왜 어려워 보일까

판결문에서 중요한 부분은 '주문(主文)'과 '이유(理由)'다. 주문은 재판의 결론이고, 이유는 주문에 도달하기까지 논증 과정을 적는다. 이유는 민사 판결문에는 분쟁에 이른 경위를 기초 사실로 적고, 당사자의 주장과 그 밖의 공격·방어 방법에 대해 법원이 인정한 사실과 법리 및 판단을 적는다. 유죄 형사 판결문에는 ① 범죄 사실, ② 증거의 요지, ③ 법령의 적용, ④ 소송관계인의 주장에 대한 판단, ⑤ 양형 이유를 적는다. 죄형법정주의(법률이 없으면 범죄도 없고 형벌도 없다)와 증거재판주의(범죄 사실의 인정은 증거에 의하여야 한다) 원칙상 더욱 자세하다. 무죄 형사 판결문에는 범죄로 되지 아니하거나 범죄 사실의 증명이 없는 이유를 적어야 한다(형사소송법 제325조).

판사는 판단을 공개적으로 밝혀야 하므로, 판결을 선고할 때 판결문에 따라 주문을 읽고 이유의 요지를 설명한다(단, 민사재판에서는 이유를 말하지 않을 수 있다). 판사에겐 이유가 중요하다. 이유를 쓰면서 판사는 판단 과정의 올바름을 되돌아보고, 상급법원은 판단의 옳고 그름을 심사하기 때문이다. 나아가 그 이유가 널리 받아들여지면 판례가 되고 법리가 된다.

소액사건심판법에 따르면, 소가 3,000만 원 이하 소액사건에서는 판결문에 이유를 생략할 수 있다. 신속한 권리구제를 위한 것이지만 당사자의 알 권리를 침해하고 사법 불신을 초래한다는 지적이 많았다. 이런 비판을 받아들여 소액사건에도 이유를 기재하는 방안을 검토하고 있다. 문제는 그렇게 하면 소액사건 재판부의 업무부담이 늘어나는데, 근본적으로 법관 인력을 늘려야 할 것이다.

판결문이 읽기 어렵고 글쓰기의 품격을 갖추지 못했다는 비판을 살펴본다. 주문은 무색투명하고 이유 중 논증은 법적으로 이해되고 검토되어야 하므로 법률용어가 필수적이다. 하지만 분쟁 경위나 범죄 사실을 비롯한 사실관계 대부분은 일상용어로 쉽게 풀어써야 한다. 각종 접속부사나 연결어미를 써서 한 문장에 너무 많은 내용을 담은 만연체 글은 개선되어야 한다. 긴 문장은 여러 개 문장으로 나누고(세 줄을 넘으면 마침표를 찍고 새로 문장을 시작한다), 사실과 논증은 제목을 붙여 세세히 구분하며, 판단을 먼저 밝히고 근거는 나중에 적는 게 좋다. 논증은 더욱 논리적이고 체계적이어야 한다. 논증은 차근차근 단계를 밟아야지 건너뛰어서는 안 된다. 판례에서 제시한 법리만 적고 바로 결론 낼 게 아니라, 이 사건에서 법리를 어떻게 적용했는지 자세히 적는다. 통설이나 판례가 제시한 법리와 다르게 적용했거나 예외를 두었다면 자신 있게 근거를 밝힌다. 판례가 없거나 견해가 대립되는 사건에서는 '라면 봉지에 적힌 조리법'처럼 틀에 박힌 말 뒤로 숨지 말고 진짜 이유를 솔직하게 드러낸다.

그동안 판사들은 가독성과 이해도가 떨어진 판결문을 작성했는데, 그 이유는 당사자보다 상급법원을 더 의식한 데서 비롯되었다고 생각한다. 판결문은 독백이 아니라 대화이므로, 소송당사자가 읽고 이해하기 쉽게 그리고 명확하게 적어야 한다. 좋은 판결문을 쓰는 것은 좋은 재판을 하는 것만큼 중요하다.

"판사는 판결로 말한다."라는 법언에는 여러 의미가 함축되어 있다. 먼저 '자기가 재판한 사건에 대해 모든 것을 판결문에 적어야 하고 다른 방법으로 드러내지 말라'는 뜻이다. 판결의 정당성은 오로지 판결문을 통해서 심사받는 것이고, 달리 중언부언하는 것은 변명이 되기 쉽다. 다음으로 '다른 판사가 한 재판에 대해 함부로 말하지 말라'는 뜻이다. 학문적으로 분석하거나 비판하는 것은 정당하지만, 단편적 사실과 인상만으로 판결을 평하는 것은 부적절하고 재판에 대한 신뢰를 떨어뜨린다. 마지막으로 '재판에 관련될 수 있는 사회적 이슈에 대해 공개적인 언급을 자제하라'는 뜻이다. 특정 법률의 폐지를 공언하는 판사가 나중에 그와 관련된 재판을 맡으면 당사자는 물론 시민도 쉽게 승복하지 않을 것이다. 사회적 상황이 달라지면서 이 법언을 유연하게 적용하는 것이 필요할 때도 있다. 하지만 이 말이 사법의 독립을 지키고 신뢰받기 위해 나왔다는 배경과 이유는 깊이 새겨야 한다.

다른 사람의 옳고 그름을 판단하는 법관은 시민이 바라는 높은 도덕적 요청을 충족시켜야 한다. 학자들은 판사의 넉목으로 예의, 성실, 신중, 절제, 용기, 공정, 겸손, 의사소통능력, 유머, 사법적 통찰력, 형평, 시민적 우애를 꼽는다. 공감하고 찬동하며 꾸준히 노력해야 한다고 생각한다. 하지만 법 실무가로서는 판결문 쓰는 능력이 더 중요하다. 덕목을 갖추었더라도 판결문 쓰는 데 서툴다면 함께 일하기 곤란하다.

여기서 법조계의 전설처럼 내려오는 '호피판사' 이야기를 해본다. 일제강점기 어느 지방 부호가 총독부 고위 관리에게 백두산 호랑이 가죽을 뇌물로 바치고 아들을 판사로 만들었다. 아들은 배석판사로 배당받은 사건의 판결문을 쓸 능력이 없었으므로 동료에게 향응을 베풀면서 대신 작성해달라고 부탁했다. 소문이 퍼져 단독판사로 전직되자, 호피판사는 당사자들에게 무조건 화해를 권고해서 사건을 끝내려 했다. 응하지 않으면 '관명거역죄'라고 겁을 주었고, 그래도 버티는 경우에는 사건을 무마하려고 주머니에서 돈을 꺼내주었다.

시민에게 신뢰받는 판결문을 쓰기 위해

판사는 판결로 법치주의를 실현하고, 시민은 판결에 대한 건전한 비판으로 민주주의를 지켜낸다. 판사는 판결문으로 시민과 소통하고 시민은 사법권의 결과물인 판결문을 보며 법원의 신뢰도를 평가하기 때문에, 판결문은 당사자뿐 아니라 시민에게 널리 공개되어야 한다. 2021년 현재 시민이 판결문을 보는 방법으로는 전자우편에 의한 판결문 제공, 법원 도서관 특별 열람실 방문 열람,

확정 판결문 인터넷 열람이 있다. 하지만 절차는 복잡하고, 내용은 일부만 공개되며, 효율적으로 검색하기 어렵다.

오래전부터 법률가나 법학 교수는 판결문의 전면 공개를 주장해왔다. 최근 대법원은 판결문에 대한 시민의 알 권리와 재판의 투명성을 증진하고, 사법권 행사의 적정성과 신뢰성을 향상시키기 위해 판결문 공개 범위를 확대하기로 방침을 정했다. 조속히 관련 법률이 만들어지고 전자 프로그램이 마련되길 기대한다.

우리나라 판사들이 일주일 동안 쓰는 판결문을 합치면 만 개가 넘을 텐데, 그것들은 대부분 법원 내부 전산망에 전자파일로 남을 뿐, 사람들 입과 가슴에서 오래도록 살아 있는 판결문은 거의 없다. 사람 냄새가 나지 않는 판결문이 그런 것이 아니겠냐고 생각하지만, 오랫동안 판결문만 쓴 사람으로 아쉬움이 남는 건 어쩔 수 없다. 마지막으로 자신의 소수의견을 관철하지 못한 안타까움을 밝힌, 민문기(閔文基, 1916~2003) 대법관의 40여 년 전 판결문을 소개한다.

다수의견은 문자를 낭독한 것이지, 성문법규는 문자로 표현된 합리적인 규범이 법이며 그 합리성을 구성해내는 것이 법규의 해석인 점과 먼 것이다. 이와 같이 대추나무에 연 걸리듯 모순에 걸리는 원인은 다수의견이 '대법원 판례'를 제한 없이 문자에 얽매이기 때문에 일어나는 것이다. 한 마리의 제비로서는 능히 당장에 봄을 이룩할 수 없지만 그가 전한 봄,

젊은 봄은 오고야 마는 법, 소수의견을 감히 지키려는 이유가 여기에 있는 것이다.[6]

개인 파산자는
새롭게 출발해야 한다

재판을 하다 보면 보통 사람의 생각이나 상식과 다르게 결론 내리는 일이 많다. 돌아가신 어머니는 평소 "사람을 죽였으면 사형에 처해야 하는데, 법이 너무 물러서 탈이다."라고 탄식하셨다. 그 앞에서 막내아들은 한 번도 사형을 선고한 적이 없다고 말하지 않았다. 요즘 판사가 '빚진 죄인'의 빚잔치를 해주고 남은 빚은 탕감해준다는 사실을 알았다면, 일수로 빌린 돈을 어떻든 꼬박꼬박 갚았던 어머니는 뭐라고 하셨을까? 보통 사람들 반응은 대체로 "에이 그런 게 있으면 누가 빚을 갚겠어요."라거나 "취지는 좋으나 '모럴 해저드(moral hazard; 도덕적 해이)'가 발생하고 신용 사회가 위태로워질 거예요."라고 할 것이다. 법을 처음 공부할 때 '약속은 지켜져야 한다'고 배웠고, 민사재판에서 원 단위까지 꼼꼼히 계산한 판사도 파산과 회생 사건을 처음 맡으면 상당히 당혹스럽다.

시민이 금융기관에서 빌린 빚을 '가계부채'라고 한다. 우리나라 가계부채는 2013년 1,000조 원을 돌파했고, 2020년 3분기 말 1,682조 원에 이르러 2분기보다 2.7퍼센트 증가하며 역대 최대 기록을 갈아치웠다. 이는 국내총생산(GDP)의 88퍼센트에 해당한다. 모든 직장인 평균 가계부채도 4,000만 원을 넘겼다. 주택 매매와 전세 거래량이 늘면서 주택자금 수요가 많았고, '빚투(대출로 투자)'로 인한 주식자금 수요와 코로나19에 따른 생활자금 수요도 늘어났기 때문이라고 한다. 무거운 가계부채는 부의 불평등을 심화시키고, 경매 가격을 떨어뜨리며, 자산과 부채의 균형을 잃어버린 사람을 파산으로 이끈다. 모든 재산을 털어 빚잔치를 하고 남은 빚을 탕감받는 개인파산은 2007년 미국발 금융위기 이후 줄어들다가 12년 만에 증가해서 2019년에는 4만 5,642건을 기록했다. 일정 기간 성실하게 빚을 갚으면 나머지 빚을 탕감해주는 개인회생도 9만 2,587건 신청해서 전년보다 1.5퍼센트 늘어났다.

부채 탕감은 도덕적으로도 경제적으로도 정당하다

인류학자 데이비드 그레이버(David Graeber, 1961~2020)가 쓴 《부채, 첫 5,000년의 역사》에 의하면, 역사상 부채를 감면해주는 정책은 고대 메소포타미아에서 시작되었다. 기원전 2400년경 어느 왕이 왕국의 모든 부채를 탕감한다는 칙령을 발표하며, "나는 자유를 퍼뜨렸다. 자식을 어머니에게 돌려주고 어머니를 자식에게 돌려주었다."라고 자랑했다.[7] 고대 유대인은 모세의 율법에 따라 50년마다 돌아오는 희년(禧年)에 모든 부채를 탕감하고 담보로 잡힌 토지를 돌려주며, 빚 때문에 노예가 된 사람을 자유인으로 되돌렸다. 그 후 수천 년간 부채 탕감과 토지 재분배가 농민 봉기의 대표적인 요구사항이 되었다.

우리는 과거 농경사회부터 고리채가 많았고, 현대 신용 사회에 들어와서는 카드회사의 유혹에 넘어가 생각 없이 긋다가 빚의 노예가 되고 있다. 우리나라도 "가난 구제는 나라님도 못한다."라고 뒷짐만 지지 않고 부채 탕감 조치를 했는데, 1961년 농어촌고리채 탕감령과 1972년 8·3조치가 대표적이다. 법적으로는 1962년 파산법을 제정했는데, 빚진 죄인이라는 통념 때문인지 거의 이용되지 않았다. 1997년 IMF 경제위기를 겪으며 늘어난 빚을 갚지 못하는 사람들이 파산을 신청해서 활성화되었고, 2005년 개인파산과 회생을 함께 규정한 '채무자 회생 및 파산에 관한 법률'이 만들어져서 운용 중이다. 그러자 개인파산이 채권자의 재산권과 행복추구권을 침해한다며 무효라는 주장까지 나왔다. 헌법재판소가 2013년 정당하다고 판단했지만, 파산자를 바라보는 시선이 곱지만은 않다.

빚진 죄인을 풀어주는 개인파산과 회생제도는 왜 존재하는가? 가장 중요한 이유는 불운한 채무자가 빚의 압박과 굴레에서 벗어나 새롭게 출발하도록 도와주자는 것이다. 현대 신용 사회에서 금융기관은 다양한 방법으로 사람들에게 돈 쓰기를 권하면서 빌려준다. 하지만 하루하루 빠듯하게 살아가다가 실업과 질병이 찾아온 사람들, 조금이라고 잘살려고 이것저것 해보다가 망한 사람들, 가족과 친지의 빚보증을 섰다가 함께 망한 사람들이 있을 수밖에 없다. 특별한 조치가 없다면 신용불량자로 취업도 안 되고 신용거래도 되지 않아 기본적인 생활조차 꾸려가기 힘들다. 이들을 빚의 노예로 묶어놓고 취업도 못하게 하고 빚 독촉을 한다고 해서, 나락으로 떨어진 사정은 바뀌지 않는다. 어떤 사람은 분노, 사회적 불안감 조성, 노숙, 자살, 범죄 등 부정적 행태를 보일 수 있다.

한편 이들에 대한 빚은 금액이 얼마이든 이미 가치가 거의 없는 부실채권이다. 어차피 갚지 못할 빚을 지워주고 지상의 경제활동으로 이끌어주는 법 제도가 필요한데, 그런 제도가 바로 사회적 안전망으로서 개인파산과 회생이다. 국민경제적으로도 이들을 복귀시켜 시장 참여 인원을 늘리는 것이 효율적이다. 면책제도가 없다면 국민 세금으로 실업수당, 의료보험, 사회보험 등을 지급할 수밖에 없어서 손해다.

개인파산과 회생제도를 비판하는 관점은 어떨까? '채무자에게 도덕적 해이를 조장해서 부주의하고 경솔하게 소비활동을 하는 것 아닌가?' 대답은 '아니오'다. 파산에 이른 사람들 대부분은 파산이 주는 낙인효과 때문에 마지막까지 빚을 갚으려고 애쓴다.

낭비와 도박 등 일부 파산자에게 책임이 있는 경우에는 면책이 허가되지 않을 수 있고, 빌리거나 갚을 때 거짓말했을 때는 사기죄나 사기파산죄로 처벌받을 수 있다.

'채권자에게 가혹한 결과를 초래하지 않는가?' 역시 대답은 '아니오'다. 먼저 금융기관과 대부업체는 사전에 신용조사를 할 수 있고, 통계자료를 이용해서 일정 비율의 부실채권을 예상하면서 대출금리를 정하고 재무제표에 대손충당금(대출금 중에서 일부를 받지 못할 것으로 미리 예상하고 부채로 공제한 금액)으로 반영하고 있다. 가족이나 친지는 채무자 상태를 누구보다 잘 알면서도 빌려준 것으로, 위험을 감수하더라도 도와줄 수밖에 없었던 사정이 있으므로 보호할 가치가 낮다. 순수한 개인 채권자는 속아서 돈을 빌려주었다면, '고의로 가한 불법행위에 기한 손해배상청구권'이므로 면책 결정이 있더라도 추심할 수 있다. 그렇지 않다면 금융기관보다 높은 이자를 노렸거나 신용 상태를 확인하지 않고 빌려주었으므로 손실을 감수하는 것이 아주 부당하다고는 말할 수 없다.

개인의 부채에서 사회의 유대로 나아가기 위하여

코로나19 충격이 닥치면서 청년들의 부채가 빠른 속도로 불어나고 있다. 이들은 취업을 준비하면서 등록금, 주거비, 생활비, 병원비로 진 빚의 무게까지 감당해야 한다. A씨(27세)는 2021년 3월부터 신용카드가 연체되었다. 대학교 2학년을 그만두고 국비 지원으로 전산회계를 배웠으나, 취업은 쉽지 않았고 카드빚은 늘어만 갔다.

"일자리를 구하기도 어렵고 수입도 없다 보니 올해 초부터 빚이 조금씩 늘어났어요. 은행에서 우연히 만든 신용카드로 생활비랑 학원비에 쓴 것 같아요. 편의점 아르바이트도 했는데 번 돈보다 갚을 돈이 더 많아지니 초조했어요. 요즘에는 신용을 점수로 보는데 거의 바닥이 된 것 같아요."

간신히 구한 편의점 아르바이트로 최저 시급보다 적은 7천 원을 받지만, 마땅한 일자리가 없으니 따질 형편이 아니라고 하소연한다.

2021년 상반기에 개인회생 진행 중 코로나19로 폐업하거나 실직해서 돈 갚을 능력이 떨어져 특별 면책을 신청하는 사례가 늘고 있다. 중국집을 운영하던 B씨(68세)는 2018년 10월 개인회생 인가를 받아 매월 45만 원씩 변제해왔다. 그러나 2019년 초 코로나19가 시작되면서 하루에 한 명의 손님도 받지 못하는 날이 많아졌고, 아내도 기존 지체장애에 허리 부상까지 겹쳐 폐업하고 말았다. 2021년 1월 기초생활수급자로 지정되어 근근이 살아가면서 빚을 갚았으나 더는 버틸 수 없었다. 종래에는 복잡한 절차를 거쳐야 파산·면책 결정이 되었는데, 코로나19 유행에 따라 법원이 특별 면책을 활용해서 신속하게 일상으로 복귀시켰다.

파산법 전문가인 전대규 부장판사는 "파산자 면책은 사회안

전망으로서 기능하기 때문에 채무자의 성실성이 증명된다면, 법원이 특별 면책을 적극적으로 해서 경제회복 등에 조금이라도 도움을 줄 필요가 있다."라고 말한다.[8]

현대 자본주의사회는 기업이 생산한 제품을 사람들이 사주어야 경제체제가 유지된다. 금융기관은 신용카드로 시민의 소비 의욕을 끊임없이 자극하고 조장한다. 집 없는 사람은 전세자금이나 매수 자금을 '영끌한다(영혼까지 끌어모은다)'. 경제 사정이 급격히 변동하거나 주변 환경이 바뀌면 가계부채를 갚지 못하는 사람이 생길 수밖에 없다. 남처럼 살아보려고 애쓰다가 쓰러진 사람의 살을 바르고 뼈를 떼어낼 것이 아니라, 절망에서 올라오는 '희망의 사다리'를 건네주어야 한다. 그것이 도덕적으로 정당하고 경제 원칙에도 부합한다. 사회공동체의 유대는 부채를 가능하게 하는 서로의 믿음으로 강화된다. 부채가 무자비하게 개인의 삶과 공동체를 위협하지 않도록 살피는 것이 우리 사회가 진 빚이 아닐까.

그런데도 어떤 금융기관은 면책된 빚을 일부 갚으면 신용불량자 명단에서 제외시켜준다고 유혹하고 안 갚으면 강제로 채권을 회수하는 조치를 취하겠다고 여러 번 으름장을 놓았다. 필자는 2006년 이런 사건에서 처음으로 원고가 불안감으로 정신적 고통을 입었으므로 위자료 100만 원을 지급하라고 판결했다.

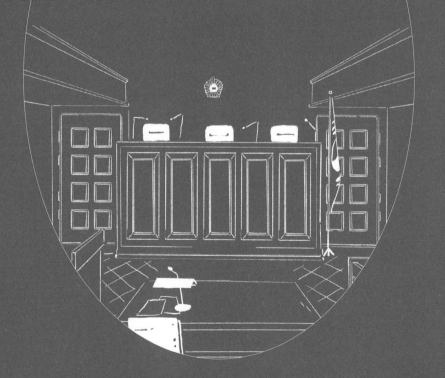

3장

법의 이성과 사람의 감정을 헤아린다는 것

대법관의 명칭이 'Justice(정의)'인 미국에서는
정의에 대한 에피소드가 많다. 어느 대법관은
"안녕히 가세요, 대법관님. 정의를 실천하세요."라는 인사를 받자,
"그것은 내 일이 아니네. 내가 하는 것은 법을 적용하는 것이네."라고
답했다. 다른 대법관은 퇴임하면서 "법관으로 재임 중 중립적이었다고
생각한 판결은 나중에 보니 강자에게 기울어진 판결이었고,
약자에게 유리한 판결을 내렸다고 한 것은 나중에 보니 중립적이었다."
라고 회고했다. 우리나라 판사들은 어떻게 생각하는지 궁금하다.

법에도
눈물이 있다

언제부턴가 인터넷에서 미국의 피오렐로 라과디아(Fiorello Henry La Guardia, 1882~1947) 판사 이야기가 오르내린다. 대공황으로 실업자가 급증했던 1935년 겨울, 그는 즉결 사건을 다루는 뉴욕 야간 법정의 1일 판사로 일하고 있었다. 굶주리는 딸과 손자에게 줄 빵을 훔친 할머니가 법정에 섰다. 라과디아는 아무리 딱해도 절도죄는 나쁘다며 10달러 벌금형을 선고했다. 판사의 선처를 기대했던 방청석이 술렁거리자 이렇게 말을 이어갔다.

"이 할머니만의 잘못이 아니라 우리 모두의 책임입니다. 판결을 맡은 저에게도 10달러 벌금을 선고합니다. 여러분도 가능하다면 50센트씩 동참해주길 바랍니다."

판결에 이의를 제기하는 사람은 아무도 없었다. 10달러 벌금을 내고 남은 47달러 50센트를 쥐고 법정을 떠나는 할머니는 하염없이 눈물을 흘렸고, 법정에 있던 사람들은 모두 일어나 박수를 쳤다.

　법정은 욕망과 욕심이 부딪치고 싸우는 경기장이지만, 눈물과 한숨이 끊이지 않는 통속 드라마이기도 하다. 형사 법정에는 죄를 뉘우치는 피고인의 눈물이 있고, 하루빨리 석방되길 바라는 가족의 한숨도 있다. 다른 쪽에는 그 죄로 상처 받은 피해자의 피눈물이 있고, 판사 딸이 피해자라면 그렇게 가벼운 형을 내렸겠느냐는 가족의 탄식도 있다. 민사 법정에서는 너무 순진해서 남을 믿었거나 법 때문에 손해를 본 사람이 한숨을 쉬고, 행정 법정에서는 과로로 쓰러졌는데 산업재해로 인정받지 못한 노동자가 눈물을 흘린다. 이혼 법정에서는 이제 홀로 살아야 하는 중년 남자가 눈물을 삭이고, 소년 법정에서는 속 썩이는 자식 때문에 애간장이 녹는 엄마의 눈물로 가득하다. 오늘도 법정에 온 사람들은 "법에도 눈물이 있지 않느냐."고 하소연하며, 판사가 들어주고 공감하며 닦아주길 기대한다.

누구도 억울한 사람이 없도록

20여 년간 지방 국세청에 근무해온 40대 사무관이 2009년 11월 이느 날 새벽 아파트 22층에서 뛰어내렸다. 결혼해서 1남 1녀를 두었으며, 거의 매일 노모에게 안부 전화를 했다. 1년 전 새로 편성된 팀의 팀장이 되었는데, 업무는 늘어났지만 팀원이 보충되지 않아 40퍼센트가량 초과근무를 했다. 말수는 줄어들었으며, 불면증으로 잠자지 못하는 밤이 많아졌다. 휴가를 내고 병원에서 치료를 받으라는 처의 권유를 거절하고 수면유도제로 버티던 그는 바지 주머니에 유서를 남긴 채 투신자살했다. 공무원연금공단은 경찰 조사와 국세청 조사에 따라 망인이 극복하기 힘든 과로나 스트레스 상태는 아니었다며 유족보상금을 주지 않았다. 1심도 업무 과다가 우울증의 발병 계기는 될 수 있어도 자살의 직접적 원인은 아니라면서 유족의 손을 들어주지 않았다.

항소심 재판장을 맡은 필자는 의과대학 정신과 교수에게 '심리적 부검(psychological autopsy)'을 의뢰했다. 전문성이 부족한 경찰이나 소속기관의 조사만으로는 한계가 있기 때문이었다. 3개월간 주변 사람을 심층적으로 면접하고 조사한 전문의가 업무상 스트레스와 우울장애로 자살했다는 취지의 감정서를 제출했다. 법원은 법정에서 감정인의 의견을 직접 들은 후 과다한 업무와 자살 사이에 인과관계가 있다고 판단해서 유족보상금을 지급하라고 판결했다.

'심리적 부검'은 정신과 전문의가 자살자의 가족과 지인을 심층적으로 인터뷰하고 유서나 일기 및 진료기록을 분석해서 자살의 원인을 과학적으로 규명하는 방법이다. 1950년대 미국에서 처음 실시되었고, 이후 많은 나라로 확대되었다. 특히 핀란드는 1986년 모든 자살 사례에 심리적 부검을 실시하고 자살예방종합

전략을 세워 자살률을 절반으로 떨어뜨렸다. 우리나라는 오래전부터 OECD 회원국 중 자살률이 가장 높다. 정부는 10여 년 전부터 자살예방 대책을 세우고 심리적 부검을 일부 시행하고 있다. 하지만 자살을 터부시하고 숨기려는 정서는 변함이 없고 자살하는 사람도 줄지 않았다.

법원에는 노동자나 공무원(군인 포함)의 유족이 과다한 업무를 이기지 못하거나 폭력 때문에 자살했다고 주장하며 업무상재해로 인정해달라는 소송이 많다. 종전에는 정신과 병원에서 치료받은 경우가 아니면 객관적인 자료가 없고, 가족이나 동료의 감정에 치우친 말은 쉽게 믿을 수 없어 승소한 사례가 많지 않았다. 하지만 정신병으로 치료받는 것을 꺼리고 망인에 대해 말하는 것을 쉬쉬하는 문화에서 일반 감정 절차로 억울한 죽음을 규명하는 데 한계가 있었다.

사법사상 처음 실시된 심리적 부검으로 망인과 가족의 눈물을 닦아주었고, 개인의 희생을 당연시하는 조직문화의 변화를 촉구했으며, 심리적 부검을 법원의 실무 관행으로 정착시켰다고 자평해본다.

30대 의사가 중매로 만나 결혼을 약속한 여자 아버지에게 많은 돈을 달라고 요구했다. 장인은 현금이 없으니 나중에 땅을 팔아 10억 원을 주겠다는 각서에 서명하고 건네주었다. 의사 사위는 첫날밤부터 부부 관계를 하지 않았고, 수년간 따로 살았으며,

다른 여자를 만났다. 이혼소송을 제기했으나 파탄에 책임이 있어서 이혼을 청구할 수 없다는 이유로 패소하자, 이번에는 사망한 장인의 재산을 상속받은 처에게 '지참금 청구소송'을 냈다. 너무 어처구니없는 행동이지만, 오래 재판하다 보면 보통 사람은 상상할 수 없는 사건도 만난다. 필자는 판결문에 이렇게 썼다.

원고의 행위로 피고는 대등한 인격체로 인정받고, 한 남자의 여자로서 사랑받고자 하는 기대와 자존심을 잃게 되면서 심한 좌절감과 모욕감을 느꼈을 것이다. 우리 사회의 건전한 윤리와 상식에 비추어 남편으로서의 의무와 도리를 다하지 않은 원고는 처가로부터 지참금을 받을 자격이 없다. 이미 혼인 관계가 파탄된 후에도 지참금을 달라는 것은 부부로 만나고 헤어지는 데 지켜야 할 예의를 지키지 않은 것으로, 이 법원은 염치없는 것이라고 말할 수밖에 없다.[1]

거동이 불편한 80대 할머니가 '방문목욕' 도움을 받았다. 방문목욕은 정부가 제공하는 서비스로, 요양보호사가 직접 집을 방문해 목욕을 도와준다. 요양보호사 두 명이 수행하는 게 원칙이지만, 수급자가 성별이 같은 한 명에게만 받길 원하면 그것도 가능하다. 국민건강보험공단은 할머니가 여성에게만 도움을 받겠다는 말을 명확히 하지 않았으므로 급여 비용을 줄 수 없다고 주장했다. 필자는 "수치심 등 감정 표현은 외부에서 알아차릴 수 있는 정도면 충분하고, 수급자 본인이 직접 수치심을 다양한 형태로 표현하는 것은 물론 수급자의 보호자도 수급자가 느끼고 있거나 느끼게 될 수치심을 대신 표현할 수 있다."라고 판시하면서 급여 비용을 지급하라고 판결했다.

사람이 활동하는 데 타인의 도움이 필요한 상태가 되면 수치심을 느끼고, 성적인 신체 기관을 숨기려는 욕구에서도 수치심이 일어난다. 사람은 수치심을 밖으로 표현하기를 꺼리는 본성이 있다. 몸 씻기 과정에서 가누기 힘든 할머니가 남성 요양보호사가 참여하는 것을 원하지 않는 감정을 명시적으로 표현하리라고 기대하기 어렵다. 오히려 부끄러움을 느낀 사람이 말로 표현하는 것 자체가 수치심을 안겨준다. 이것은 개인에게 '나는 약하고 결함을 지닌 사람이다.'라는 사실을 강요하고 고백하게 하는 것이어서 수치심의 본질에 반한다. 법 제도 운용과 관련 있는 경우에는 더더욱 그렇다.[2]

법정에서 '시적 정의'를 고민하다

법학전문대학원생들과 고전 문학작품을 읽고 토론하며 연구한 것을 정리한 책 《시적 정의》에서, 미국 철학자 마사 누스바움(Martha Nussbaum, 1947~)은 좋은 법률가는 법적 지식과 논증뿐만 아니라 문학적 상상력도 꼭 갖추어야 한다고 주장한다. 이 책은 문학이 다른 사람, 특히 비통하고 억울한 사람의 삶을 공감하는 시선으로 바라볼 수 있도록 해서, 상상력을 넓히고 공적인 판단을 잘 내릴 수 있게 하는 과정을 잘 보여준다. 문학적 재판관은 사람마다 처한 입장의 비대칭성을 섬세하게 느끼면서, 친밀하면서도 공평하고 편견 없이 사랑하며 정의롭게 판단할 수 있다. 이런 생각에 따라 누스바움은 미국에서 인종차별, 특정 집단에 대한 억압과 혐오, 범죄자나 동성애자 등에 대한 편견과 혐오, 성희롱 등이 문제 된 사건에서 문학적 상상력이 발휘하는 모습을 세세히 분석한다.

법에도 눈물이 있느냐고 누군가 물을 때마다, 필자는 억울한 사람의 아픔과 슬픔에 공감하고 보듬어주는 것이 '법의 눈물'이라고 대답했다. 한 TV 프로그램에 출연해 법에 대해 강연할 때 '의사 사위 지참금 청구소송'을 재판하며 피해자에게 공감한 이야기를 하자 방청객 사이에서 박수가 터져 나왔고, 덤으로 '까방권(까임 방지권)'까지 받았다. 시민이 시적 정의에 얼마나 목말라 하는지 절감했다.

우리나라 법정에서 시적 정의는 구현되기 어렵다. 교조적이고 형식논리적인 법 제도와 법학 교육, 경제적 합리성과 금전적 가치만 강조하는 사회 분위기, 사건 당사자를 고유한 개별적 인간으로 보지 않으려는 판사의 무감각과 게으름 때문이다.

가수 양희은은 〈그대가 있음에〉에서 "슬픔이 슬픔을, 눈물이 눈물을, 아픔이 아픔을 안아줄 수 있죠."라고 노래했다. 《심판》을 쓴 작가 프란츠 카프카(Franz Kafka, 1883~1924)는 "인간에 대한 무관심을 체험하기에 최적의 직업이어서 법학을 선택했다."라고 말했다.[3] 판사는 왜 가슴이 따뜻하지 못할까? 로마의 어느 시인은 다른 사람을 감동시키려거든 먼저 울으라고 읊었다. 이제 판사들은 법정 밖으로, 세상 속으로 뛰쳐나가야 하지 않을까. 스스로를 위해서 그리고 법정에서 만날 사람을 위해서.

정의의 기준을
판사가 정하지 않는다

대법원 청사 정면에는 "자유, 평등, 정의"가 굵은 글씨로 쓰여 있다. 서울대학교 법학전문대학원 건물 안 '정의의 종'에는 "하늘이 무너져도 정의는 세워라."라는 법언이 새겨져 있다. 라틴어 "Fiat Justitia Ruat Caelum."을 번역한 것인데, 철학자 이마누엘 칸트 (Immanuel Kant, 1724~1804)가 한 말로 전해진다. 법과대학 법철학 시간에 교수님께서 법과 정의에 대해 말씀하셨을 텐데, 사법시험 과목만 신경 쓴 법학도는 아무런 기억이 없다. 재판하면서도 정의에 관해 깊게 고민하지 않았다. 그저 공자님 말씀처럼 당연하지만 현실에서는 지켜내기 어렵다고 생각하지 않았을까 싶다. 그러다가 2010년 마이클 센델의 《정의란 무엇인가》가 선풍적인 인기를 얻는 것을 보고 읽어보았다. 내친김에 존 롤스의 《정의론》, 로널드 드워킨의 《정의론》과 《법의 제국》, 김도균의 《한국 사회에서 정의란 무엇인가》도 구입했다. 하지만 철학적 논증에 익숙하지 않은 판사에겐 '모래알을 씹듯' 이해하기 어려웠다.

"철학자 하면 누가 생각나는가?"라는 물음에 많은 시민이 고대 그리스 철학자 소크라테스와 플라톤을 꼽았다고 한다. 소크라테스가 시민과 정의에 관해 대화를 나눈 것을 제자 플라톤이 기록한 책이 학생들의 필독서로 지정된《국가》다. 소크라테스가 던진 근본 질문은 "정의란 무엇이고, 그것은 사회적 삶과 개인적 삶에 어떻게 실현될 수 있는가?"이다. 이 책에서 트라시마코스는 '정의는 더 강한 자의 이익'이라고 주장했다. 통치자가 자신의 이익을 정당화하려고 만들어낸 술책이 정의를 내세운 법이라는 것이다. 그에 따르면, 통치자는 올바르게 행동하지 않는데 어리석은 보통 사람은 자기에게 불리한 법과 도덕을 지킨다. 이에 대해 소크라테스는, 정의란 시민 모두를 위한 공동선이고 통치자인 철학자는 한쪽의 이익이 다른 쪽에 해가 되지 않도록 나라를 운용한다고 반박했다. 글라우콘 형제는, 보통 사람은 손해 보지 않으려고 정의를 지키는데 올바르지 못한 사람은 마음껏 욕심을 부리므로 더 행복하게 산다고 주장했다. 이에 대해 소크라테스는 정의로운 사람은 올바르게 행동하기 때문에 외부적 보상이나 손해에 관계없이 현세에 행복하고 내세에 보상을 받는다고 반박한다. 하지만《국가》를 읽는 보통 사람에게는 소크라테스의 말이 그리 마음에 와닿지 않을 것이다.

"같은 것은 같게, 다른 것은 다르게 대우하라"

법철학 교과서에 따르면, 정의는 공동체에서 시민이 서로 올바르게 대우하는 도리이고 법은 정의에 대한 기준을 만들고 실현하는 수단이다. 법으로 고대 유럽을 통합한 로마시대부터 법학자는, 정의란 '각자에게 그의 몫을 주는 것'이고 '같은 것은 같게, 다른 것은 다르게 대우하는 것'이라고 말했다. '각자의 몫'을 필요에 따라 또는 평등하게 분배해야 한다는 주장도 있지만, 개인의 노력과 성취에 따라 '마땅히 받을 몫'만큼 주어야 한다는 응분원칙이 기본이다. 인간의 존엄에 따른 필요를 보장해야 한다는 필요원칙과 누구나 자유롭고 평등한 시민으로서 존중받아야 한다는 평등원칙은 예외다.

어느 사회든 계층과 개인이 치열하게 다투는 분배 대상은 돈이다. 대한민국은 자본주의 경제를 바탕으로 하는 자유민주주의 국가다. 거시적으로 보면, 분배 기준은 1차적으로 각자 참여한 시장에서 경제 논리로 계약에 따라, 2차적으로 정치권에서 정책적 판단으로 만든 법률에 따라 결정된다. 사용자의 보수와 노동자의 임금이 얼마인지, 노동자의 최저임금을 얼마로 정할지, 세금을 얼마나 어떻게 걷고 쓸 것인지가 이런 과정으로 결정된다. 이 단계에는 법원이 관여할 여지가 없고, 특정인에게 얼마 줄지 다투는 경우 계약과 법률에 따라 판단한다. 이런 뜻에서 정의의 기준은 국회 등 정치권에서 정책적으로 결정하지, 판사가 정하는 것이 아니다.

여기서 왜 사용자가 보수와 임금을 결정할 권한이 있는지, 회사가 망한 경우 노동자의 임금은 어떻게 보장되는지 법적으로 살펴본다. 상법에 따르면 회사의 이사는 주주총회에서 선임하고 대표이사는 이사회 결의로 선정하며, 이사에게 지급할 보수는 주주총회에서 결정한다. 노동자에게 주는 임금은 대표이사와 이사회가 업무상 권한으로 결정한다. 넓은 뜻의 사용자에게 보수와 임금을 결정할 권한을 준 논리는 무엇인가? 우리나라 경제학계와 법학계의 다수설인 '주주자본주의(株主資本主義)'에 따르면, 회사의 사회적 책임은 회사 이익을 증가시키는 것이다. 주주들은 회사의 주인으로서 회사 채무를 먼저 지급하고 남은 이윤만 가져가서 장기적으로 회사의 성장과 이해관계를 같이 하므로, 대주주나 그가 선정한 이사진이 전적으로 회사 경영권을 가져야 한다.

많은 경영자가 단기적 이익을 추구하므로 주주자본주의가 문제가 있다는 등 학문적 논쟁은 논외로 하더라도, 기업을 경영하는 사람은 노동자나 하수급 기업에 제대로 돈을 주는 것을 전제로 경영권을 부여받았음을 명심해야 한다. 노동자에게 임금은 본인과 가족의 생계를 유지하는 중요 수단이므로 회사가 망하면 임금채권을 먼저 지급하는 것이 정의다. '민주화 대투쟁' 이후 1987년과 1991년에 회사가 도산하기 전 마지막 3개월 치 임금과 퇴직금을 먼저 지급하는 법이 전면적으로 도입되었다. 그 후 퇴직금 범위가 조정되고, 국가가 사용자를 대신해서 미지급 임금을 선지급하는 제도가 마련되었다.

"같은 것은 같게, 다른 것은 다르게 대우하는 것"이라는 법언은 조건과 상황이 같은지 다른지에 맞추어 대우하고, 같은 사람을 차별하지 않는다는 뜻이다. 무엇이 같고 다른 것인지, 어떤 대우가 합리적으로 같게 또는 다르게 한 것인지는 사람마다 생각이 다르다. 사람은 한편으로는 모두 같으면서도 다른 한편으로는 모두 다르다. 합리적 차별의 구체적 기준은 사회적 논의를 거쳐 법으로 정하는 것이 바람직하지만, 법의 정당성이 문제시되거나 법이 없으면 판사는 보편적 정의 감정에 따라 판단한다. 판사는 차별을 일으키는 마음과 사회구조를 섬세하게 인식하고, 차별당한 사람의 처지와 마음을 헤아려야 할 것이다.

장애인, 동성애자, 이주민 등 사회적 소수자도 헌법이 보장하는 '인간으로서의 존엄'을 누릴 권리가 있으므로, 그들에 대한 실질적 차별 대우가 철폐되어야 한다. 사람들에게 당신은 다른 사람을 차별한 적이 있느냐고 물으면 대부분은 없다고 대답한다. 그러면서도 자기는 억울하게 차별받은 적이 있다고 말한다. 이런 모순적 상황을 김지혜 교수는 이렇게 설명한다.

차별은 차별로 인해 불이익을 입는 사람들의 이야기다. 차별 덕분에 이익을 보는 사람들이 나서서 차별을 이야기하는 경우는 별로 없다. 차별은 분명 양쪽의 불균형에서 일어나는 일이며 모두에게 부정의함에도 희한하게 차별을 당하는 사람들의 일처럼 이야기된다. 희망적인 것은, 대부분의 사람들은 차별을 하지 않으려 한다는 사실이다. 다만 차별이 보이지 않을 때가 많을 뿐이다. 그래서 우리는 스스로 선량한 시민일 뿐 차별을 하지 않는다고 믿는 '선량한 차별주의자'들을 곳곳에서 만난다.[4]

재판 결과에 대해 편을 나누어 격렬하게 다투는 것도 차별에 관한 사건이 많다. 남자만 병역의무를 부담하는 것, 같은 노동에서 남녀 근로자의 정년이 다른 것, 미션계 학교에서 종교교육을 시키는 것 등에 대한 판례는 많다. 업무상 재해로 사망한 근로자의 자녀를 특별 채용하도록 한 단체협약이 정당한지도 문제가 되었다. 2020년 8월 대법원은 근로자의 특별한 희생에 상응하는 보상을 하고 가족 생계의 어려움을 해결할 수 있도록 사회적 약자를 보호하고 배려하는 적절한 방법이므로 유효하다고 판결했다. 이에 대해 업무능력과 무관한 채용 기준을 설정해 일자리를 대물림하므로 무효라는 반대의견이 있다.

사법적 정의 없이는 법도 바로 설 수 없다

'각자의 몫'과 '같은 것'을 연결하면 판사는 죄인에게 죄에 맞는 벌을 주고 손해를 끼친 사람에게는 그에 비례해 배상하도록 판결해야 한다. 바로 이 부분이 판사가 지켜내야 할 '사법적 정의'

다. 사법적 정의의 대표적인 사례로 민사사건에서 손해배상액이 적절한지 살펴본다.

거래 과정에서 값이 정해진 부동산이나 물건의 배상액을 정하는 것은 쉬운 일이다. 문제는 돈으로 살 수 없는 것, 돈으로 정하기 어려운 손해에 대해 가치를 정하는 것이다. 교통사고로 사망한 경우 판사가 정하는 위자료가 2,000~3,000만 원에서 1억 원으로 오르는 데 30년이 걸렸다. 그 돈으로 변두리에 있는 작은 집을 살 수 있었는데, 지금은 전세 얻기도 부족하다. 성폭력, 교내 폭행과 왕따, 인터넷이나 SNS에서 자주 발생하는 명예훼손에 대해 피해자가 느끼는 고통을 치유하는 위자료도 적다.

보통 사람은 큰 손해가 없으면 남의 손가락질 받지 않고 살면서 작은 것에서 행복('소확행')을 누리려고 한다. 한편 부도덕한 사람이 엄청난 재화나 명성을 얻으면 질투하면서도 부러워한다. 여기서 사마천의 《사기열전(史記列傳)》과 아리스토텔레스의 《니코마코스 윤리학》에 나오는 구절을 소개한다.

행동거지가 상궤를 따르지 않으며 꺼리고 기피하는 일을 범하기만 하는데도 종신토록 편안하면서 부귀영화가 대대로 끊어지지 않는 이들이 있다. 어떤 이는 땅을 골라 발을 딛고 때를 헤아린 뒤에 말을 하며 길을 갈때는 지름길로 가지 않고 공정한 일이 아니면 분노하지 않는데도 재앙을 만나는 일을 이루 다 헤아릴 수 없다. 나는 심히 헷갈린다. 천도(天道)라고 하는 것은 옳은가, 그른가?[5]

제비 한 마리가 날아온다고 하루아침에 봄이 오지 않듯, 사람도 하루아침에 또는 단기간에 행복해지지는 않는다.[6]

　법은 그 사회의 권력관계가 어떻게 작동하는가에 따라 지배와 억압의 수단이 되기도 하고 공정한 협동의 규칙이 되기도 한다. 개인주의와 자유주의에 기반을 둔 실정법이 공동체의 '정의 문제'를 개인의 '권리와 의무의 문제'로 바꾸었다고 해서, 법이 정의로워야 한다는 생각을 버리라고 요구할 수 없다. 사람은 직관적으로 억울하다고 느끼고, 그 느낌으로 법의 정의로움을 판단하기 때문이다.

　대법관의 명칭이 'Justice(정의)'인 미국에서는 정의에 대한 에피소드가 많다. 어느 대법관은 "안녕히 가세요, 대법관님. 정의를 실천하세요."라는 인사를 받자, "그것은 내 일이 아니네. 내가 하는 것은 법을 적용하는 것이네."라고 답했다.[7] 다른 대법관은 퇴임하면서 "법관으로 재임 중 중립적이었다고 생각한 판결은 나중에 보니 강자에게 기울어진 판결이었고, 약자에게 유리한 판결을 내렸다고 한 것은 나중에 보니 중립적이었다."라고 회고했다.[8] 우리나라 판사들은 어떻게 생각하는지 궁금하다.

공정한 절차가
재판의 알파이자 오메가다

아주 이따금 친구나 지인이 재판받고 있는데 결과가 어떻게 나올지 묻는다. 절차가 어떻게 진행될지 말하면, "그건 알겠는데 이기는지 지는지, 집행유예로 나올지 궁금하다."라고 재촉한다. 대부분은 잘 모르겠다고 대답하지만, 어쩔 수 없는 경우 "당신 말이 옳다면 이럴 가능성이 크다."라고 말한 후 바로 단서를 붙인다. 재판은 양쪽 말을 다 들어야 하는데, 상대방 말은 듣지 못했다고. 담당 판사가 보는 기록에는 당신에게 불리한 내용이 많을 것이라고.

돈에 관한 민사재판이든, 죄인을 처벌하는 형사재판이든, 재판은 절차에서 시작해서 절차로 끝난다. 처음에는 아무것도 몰랐던 판사가 양쪽이 공방을 벌이는 과정에서 실체적 진실을 찾아내고 판결을 선고한다.

재판은 구체적으로 어떻게 진행될까? 민사재판은 원고가 법원에 소장을 내면서 시작된다. 원고는 소장에 피고에게 무엇을 구하고(청구취지) 그 근거는 무엇인지(청구원인) 적어야 한다. 소장을 받은 피고는 원고의 주장을 받아들이거나 다투는 답변서를 법원에 제출한다. 그 후 원고와 피고는 상대방 주장을 반박하는 준비서면을 제출하고, 계약서 등 관련 서류를 서증으로 제출하며, 증인을 신청할 수 있다. 판사는 양쪽이 낸 문서와 말(구두변론)을 기초로 쟁점을 정리하며, 서증을 조사하고 증인을 신문한다. 심증을 굳힌 판사는 법정에서 원고의 권리와 피고의 의무를 정하는 판결을 선고한다.

　형사재판 전 단계는 수사와 기소다. 수사는 대체로 경찰서나 검찰청에 피해자가 고소하거나 제3자가 고발하면서 시작된다. 검사는 경찰의 수사와 자체 수사를 거쳐 범죄 혐의가 있고 처벌할 가치가 있는 피의자를 형사재판에 넘긴다(공소제기 또는 기소). 본 단계인 법정에서 열리는 공판절차에서 판사는 검사와 변호인이 제출한 증거를 조사하고 증인과 피고인을 신문해서 심증을 얻은 후 유무죄를 판단하고 유죄 피고인에게 내릴 형을 정한다. 형사절차의 꽃인 공판은 ①진술거부권 고지, ②피고인 인적 사항 확인, ③검사와 피고인 측 최초 진술, ④증거조사와 피고인 신문, ⑤검사의 논고(구형)와 피고인 측 최후 변론 순서로 진행된다.

왜 적법절차가 중요한가

현대사회는 특정한 이념과 가치관으로 공동체를 통합하기에는 너무 복잡하고 다원적이다. 사람들은 자신의 생각이 옳다고 맞서고, 공론장에서는 확신과 믿음이 대립하고 충돌한다. 자유민주주의에서는 서로 다름을 존중하며, 공정한 규칙과 절차에 따라 토론하고 표결해서 문제를 풀어가야 한다. 법으로 미리 공정한 절차를 규정해야만 시민은 어떻게 싸우고 타협하며 승복할지 예상할 수 있다.

특히 국가의 영향력이 날로 늘어가는 상황에서, 법이 정한 공정한 절차에 따라 공권력을 행사하라는 '적법절차(due process of law)'는 민주주의와 법치주의의 중요 원리다. 영국과 미국에서 발전한 적법절차에서는 이해관계인에게 문제된 사실을 고지하고 변명의 기회를 주는 것이 가장 중요하다. 역사적으로 볼 때 적법절차는 재판에서 치열하게 문제시되었고, 수많은 판결을 통해 내용이 구체적으로 밝혀졌으며, 법으로 확정되었다.

법원은 소송절차가 공정하게 진행되도록 노력해야 한다(민사소송법 제1조). 공정한 재판은 양쪽을 대등하게 취급하고 유리한 사정을 주장할 기회를 고르게 주는 것이다. 당사자는 이해관계가 첨예하게 충돌하므로 공격하고 방어할 기회를 공평하게 부여받을 권리가 있다. 특히 형사재판에서는 검사가 피고인보다 우월한 지위에 있으므로, 피고인의 방어권을 적절하고도 효과적으로 보장하는 것이 중요하다. 피고인의 권리는 헌법상 국민의 기본권으로 보장된다. 어떤 사람은 판사가 피고인만 편들고 감싸준다고 비난하지만, 한 사람이라도 억울한 죄인을 만들지 않으려고 법이 정한 절차를 지키는 것이다. 재판절차가 공정해야 판사는 실체적 진실을 찾아내고, 당사자는 결과가 올바를 것이라 믿는다. 따라서 재판은 공정할 뿐만 아니라 공정하게 보여야 한다.

재판절차의 공정성을 판단하는 기준은 몇 가지로 정리된다. ①아무도 자기와 관계된 사건에서 재판관이 될 수 없다. ②재판관은 결과에 대해 사적 이해관계가 없어야 한다. ③재판관은 한 당사자에게 유리하게든 불리하게든 기울어져서는 안 된다. ④당사자에게 절차에 대해 지식이 공정하게 주어져야 한다. ⑤재판관은 양 당사자에게서 주장과 증거를 들어야 한다. ⑥재판관은 상대방이 보는 데서 일방 당사자의 진술을 들어야 한다. ⑦각 당사자는 상대방의 주장과 증거에 대해 대처할 공정한 기회가 주어져야 한다.

모든 국민은 적법한 절차에 따라 구속될 수 있고 처벌받을 수 있다(헌법 제12조). 시민에게 가장 두려운 국가의 권한은 구속하고 처벌하는 것이므로 합리적이고 정당한 법률에 의해 적절한 절차를 거친 경우만 가능하도록 규율하는 것이다. 형사소송법은 이런 '적법절차'의 구체적 내용을 수사와 재판 단계별로 상세히 규정하고, 공권력을 행사하면서 검사와 판사가 절차를 지키지 않은 경우 설령 내용이 정당하더라도 그 효력을 부인한다. 적법절차를 거추장스럽다고 생각하며 회피할 방법을 찾으려 하는 검사와 판사는 법률가로서 기본을 갖추지 못한 사람으로 자격이 없다. 수사기관이 피의자를 구속할 때 판사의 영장이 있어야 하는 '영장주의'가 제일 중요하다.

　다른 예로 피고인의 자백이 고문·폭행·협박이나 기망에 의한 것이라면 유죄의 증거로 삼지 못한다. 피의자에게 진술거부권과 변호인선임권을 알려주지 않고 구속한 후 수사절차에서 나온 자백도 효력이 없다. 나아가 수사기관이 적법한 절차에 따르지 아니하고 수집한 증거도 마찬가지다. 사회적으로 중요한 형사재판이 열리면, 검사와 변호인이 증거로 삼을 수 있는지 시시콜콜 싸우는 것도 다 이유가 있다.

절차가 공정해야 결과도 믿을 수 있다

미국 연방 대법원은 1966년 '미란다 대 애리조나 재판'에서 피의자가 미성년자를 성폭행한 혐의가 있더라도 경찰이 피의자에게 진술거부권과 변호인선임권이 있음을 알려주지 않고 얻어낸 자백은 증거로 삼을 수 없다고 판결했다.[9] 우리나라 헌법 제12조도 여기서 도출된 '미란다 원칙'을 국민의 기본권으로 보장하는데, 이유는 무엇일까?

　당시 미국 경찰은 외부와 단절되어 정신적으로 위축된 피의자에게 가혹한 질문이나 속임수 전략으로 자백을 받아내는 일이 많았다. 법률은 강제적인 방법으로 얻은 자백은 효력이 없다고 했지만, 법원은 전체 상황을 고려해서 판단하면 된다고 해서 부당한 수사 관행을 막지 못했다. 억울한 죄인이 속출했고, 설령 진범이더라도 인권은 지켜져야 한다는 목소리가 점점 힘을 얻었다. 결국 대법원은 강압적으로 심문할 여지를 없애는 것이 근본적인 해결 방법이라고 생각해서 미란다 원칙을 만들었다. 피의자에게 특혜를 주는 무책임한 판결이라는 비판이 많았지만, 경찰은 판결에 승복하고 합리적인 수사 기법을 개발했다. 우려했던 범죄의 검거율과 자백률, 유죄율에서도 의미 있는 차이는 일어나지 않았다.

적법하고 공정한 절차는 행정기관이 시민에게 세금을 부과하거나 신청을 허가하지 않을 때도 지켜져야 한다. 법이 정한 절차를 지키지 않은 경우 시민은 그 처분을 취소해달라고 행정소송을 낼 수 있다. 행정기관의 처분이 실질적으로 정당하더라도 절차적 하자가 무거우면 법원은 행정처분을 취소해야 한다. 행정기관이 공무원을 징계할 때도 절차를 지켜야 한다.

2020년 12월 현직 검찰총장에게 정직 2월의 징계가 내려졌는데, 그 징계의 정당성을 두고 치열한 논쟁이 있었다. 서울행정법원은 집행정지 사건에서 위법하다고 판단했는데, 이유 중 하나는 대상자가 징계위원에 대해 기피를 신청했는데 징계위원회가 적법절차를 지키지 않았다는 것이다.[10] 의사정족수와 의결정족수에 대한 법 규정이 명확하지 않고 회의 진행 관행이 확립되지 않아서 논란의 여지가 있었다. 기본적인 사항까지 논란이 되는 것은 우리가 집단적으로 토론하고 의결하는 절차의 방법과 중요성을 제대로 인식하지 못한 데 있다고 생각한다. 이 사건으로 우리 사회에서 적법절차에 대한 인식과 실천의 부족함이 그대로 드러났다고 평가하고 싶다.

법원은 적법절차를 지키면서도 재판이 신속하게 진행되도록 노력해야 한다(민사소송법 제1조). 로마시대부터 "지연된 정의는 정의가 아니다."라는 법언이 있다. 우리 사회에 속된 말로 "판사는 미루어 조진다."라는 게 있다. 이런 점에서 이른바 '사법농단' 재판에서 판사가 피고인이 되면서 법정에서 지켜지는 절차가 더 꼼꼼해지고 재판이 늘어졌다는 언론의 지적은 따끔하다. 피의자에게 획기적으로 방어권을 보장한 '미란다 원칙'의 미란다는 사회 엘리트가 아니라 하류층 범죄자였다. 사법농단 재판에서 절차를 하나하나 따지는 부분은 일반 재판에서도 적절히 따졌어야 한다.

지금까지 사법편의주의적 발상으로 절차를 엄격히 지키지 못한 것, 오랫동안 사법농단 재판이 지연된 것에 대해서는 깊이 반성할 필요가 있다. 미란다 재판에서 보듯, 가장 억울한 사람 그리고 가장 힘없는 사람에게 권리가 보장되어서 재판이 길어졌다면 사람들이 뭐라고 하지 않았을 것이다.

사람의 권리와 죄인의 형벌을 정하는 실체법은 나라에 따라 많이 다르지만, 재판절차를 정하는 절차법은 대체로 비슷하다. 다투는 사람에게 공정하게 기회를 주면서 진실을 찾아내는 방법은 공통되기 때문이다. 고대 로마시대 최초의 성문법인 '12표법' 도 첫 부분은 소송 개시에 필요한 피고 소환 절차를 다루고 있고, 끝부분은 소송 종료 후 판결 집행 절차를 다루고 있다.[11] 1789년 이전 프랑스에서 판사는 변호사가 제출한 문서만 보고 재판했는데, 대혁명 이후 판사가 법정에서 직접 말을 듣도록 바뀌었다. 우리나라도 1997년 영장실질심사제도로 판사가 법정에서 피의자의 말을 들으면서 구속 인원이 대폭 줄어들었다.

재판절차를 공정하고 엄격하게 지키려면 시간이 걸린다. 세계적으로 유명한 '빨리빨리' 정신이 긍정적으로 기여한 점이 많다는 것은 인정하지만, 공정한 재판을 바란다면 법정에서는 기다려야 한다. 또 하나, 우리 사회에서 결과가 좋으면 과정이나 절차의 부당함을 따지지 않는 모습도 고쳐져야 한다. 절차가 공정하지 않으면 결과의 공정함도 믿기 어렵다.

판사는 법적 안정성을 중시한다. 하지만

몇 년 전 법원장으로 일하면서 법률 강연을 할 때 여성단체 대표자에게 항의를 받았다.

"시아버지로부터 성폭행당한 여성을 쫓아내려는 남편을 판사가 어떻게 이기게 할 수 있나요? 이역만리에서 남자 하나 믿고 왔는데. 우리는 지역 여성 국회의원에게 힘써서 판결을 바로잡을 겁니다."

언론에 보도된 사건으로 알고 있었기에 찬찬히 설명하면서 항소심 판결을 기다려보자고 말했다. 그분은 알았다며 이렇게 마무리했다.

"아, 그래서 판사는 우리와 생각하는 방식이 다르군요. 하지만 불쌍한 여성을 법이 보호해야지요."

법적 안정성이냐 구체적 타당성이냐, 그것이 문제다

22세 베트남 여성 A씨는 2012년 2월 국제결혼을 위한 맞선 자리에서 만난 한국 남성 B씨와 혼인하기로 결심했다. A씨는 14세 때 아이를 낳았는데 혼담이 오갈 때 B씨에게 이를 말하지 않았다. 두 사람은 A씨가 한국으로 온 2012년 7월부터 B씨의 어머니, 계부 C씨와 함께 살았다. 2013년 1월 A씨는 C씨에게 성폭행을 당한 뒤 C씨를 고소하고 집을 나왔다. C씨에 대한 재판 도중 B씨는 A씨가 아이를 낳은 사실을 뒤늦게 알고 추궁했는데, A씨는 증인으로 출석해서도 부인했다. 그러자 B씨는 2013년 8월 A가 출산 경력을 숨겼다는 이유로 혼인 취소 소송을 냈다. 1심 재판부는 출산 경력은 혼인 의사를 결정하는 데 중요한 요소라며 B씨 손을 들어주었다. 여성단체는 A씨를 위해 운동에 나섰다. A씨 변호사는 "13세 때 납치되고 강간당해 임신한 후 폭력을 피해 친정집으로 돌아와 아들을 낳았는데, 그 후 남자가 아들을 데려가서 8년간 혼자 살았다."라고 밝히며, "어릴 때 당한 납치와 강간을 결혼 당시에 고백하기를 요구하는 것은 부당하다."라고 주장했다. 항소심에서도 패소하자 A씨가 상고했다.

대법원은 아래와 같은 법리에 따라 A씨가 주장하는 사실이 맞는다면 결혼할 당시에 출산 경력을 알리지 않았더라도 혼인 취소 사유가 될 수 없으니 사실관계를 다시 따져보라고 판결했다.

아동 성폭력을 당해 출산했으나 자녀와 관계가 단절되고 상당 기간 양육이나 교류가 없었다면, 출산 경력과 경위는 개인의 내밀한 영역으로서 명예나 사생활 비밀의 본질적 부분에 해당하므로 상대방에게 고지하지 않은 것이 사회 통념상 비난받을 정도가 아니다.[12]

파기 항소심에서는 A씨가 성폭력으로 임신했는지에 대해 한국이주여성인권센터와 국제결혼피해센터 사이에 공방이 치열했다. 증인도 출석해서 A씨의 행적에 대해 증언했다. 법원은 "A씨가 납치당했지만 그 후 부모로부터 허락받고 사실혼 관계에 들어가 임신했고, 남자가 죽을 때까지 2년간 동거했다."라는 사실을 인정했다. 그리고 "A씨의 명예나 사생활 비밀의 본질적 부분이 아니고, 혼인에 관한 의사결정의 자유를 침해당한 B씨를 보호해야 한다."라며 B씨의 손을 들어주었다.[13] A씨는 재상고했으나 이번에는 대법원 문이 열리지 않았다.

"정의롭지 못한 법도 무질서보다는 낫다."라는 말이 있듯이, 법의 1차적 기능은 사회질서를 유지하고 분쟁이 발생한 경우 평화를 회복하고 유지하는 데 있다(법을 통한 사회 안정). 법이 있다고 해서 모두 평온하지는 않지만, 없는 것보다는 나을 것이다.

한편 법이 자주 쉽게 변경된다면 시민은 행동 지침을 헷갈려하고 나라의 정책을 믿지 않아 사회도 안정될 수 없다. 따라서 법을 만들고 변경하는 일은 신중히 이루어져야 한다(법 자체의 안정). 어떤 사람은 사회가 급격히 변하는데 법이 너무 굼뜨다고 비난하지만, 현실이 바뀔 때마다 법을 바꾼다면 사회 전체적으로 얻는 이익보다 입는 손실이 클 것이다.

판사의 법적 판단은 그 사건에서 구체적 사실(소전제)을 확정하고 적용할 법(대전제)을 검토한 후, 당사자의 권리나 법률관계의 존재 여부(결론)를 결정하는 순서로 진행된다. 이때 법은 불특정 다수에게 '같은 것은 같게' 적용되어야 하므로, 판사는 법이 규정하는 내용의 표준적이고 일반적인 의미를 밝히고 일관성을 유지하는 '법적 안정성'을 지켜야 한다(재판에서 법적 안정성). 같은 성격의 사건이라면 어느 판사가 맡든 결론이 같아야 시민은 서로 어떻게 행동할지 예상해서 거래하고 협동하며 경쟁할 수 있다.

재판에서 법적 안정성은 항상 지켜져야 할까? 그렇지 않다. 법은 일어날 수 있는 모든 상황을 예측하고 만들 수 없으므로 현실에서는 법 개념에 딱 들어맞지 않는 경우가 발생한다. 법의 목적을 따져볼 때 문구대로 적용하면 오히려 범위가 지나치게 넓거나 좁은 사건도 일어난다. 그동안 확립된 법리와 판례에 따라 결론을 내리면 그 결과가 오히려 사회윤리적으로 명백히 부당할 수도 있다. 이때 판사가 맹목적으로 법과 종전 판례만 따르는 것은 올바르지 않다. 개별 사건의 특수성을 감안해서 입법자가 그 사례를 알았더라면 어떻게 법을 만들었을지 생각해서 결론 내는 것이 '형평'이고 '구체적 타당성'이다. 이 경우 판사는 법이 정한 요건에다 다른 요건을 추가하거나 예외를 두고, 가치판단적 일반 조항(신의 성실의 원칙을 선언하고 권리 남용을 금지한 민법 제2조 등)을 적용하는 방법으로 정의를 지켜낼 수 있다.

판사는 구체적 타당성을 현명하게 실천해야

민법 제816조는 사기로 인해 혼인의 의사표시를 한 때는 혼인을 취소할 수 있다고 규정하고, 법원은 초혼인 상대방에게 혼인이나 출산 경력을 알리지 않았다면 취소 사유가 된다고 여러 번 판단했다. 이제 법 이론과 법률, 판례를 생각하며 A씨에 대한 혼인 취소 사건을 살펴본다.

첫째, 얼마나 A씨가 불쌍하고 B씨가 매정한가를 판단 기준으로 삼는 것은 판단하는 사람의 주관적 생각에 따라 결과가 달라질 수 있으므로 부당하다. 재판은 사람들 사이의 법률관계를 정하는 것이고, 사람의 도덕성은 법적 판단의 고려 사항이 아니며 판사가 평가할 수도 없다. A씨가 C씨를 성폭행으로 고소하지 않았다면 과연 B씨가 소송을 냈겠느냐는 물음도 사람의 속마음을 따지지 않는 법 앞에서는 무의미하다.

둘째, 출산 경력을 알리지 않았다는 이유로 다른 사정을 살피지 않고 곧바로 혼인 취소를 인정하는 것은 혼인 생활의 다양성과 복잡성을 고려하지 않고 똑같지 않은 것을 같게 보고 법적 안정성만 강조한 것으로 부당하다. 오랜 기간에 걸쳐 사랑과 신뢰로 성숙되는 결혼 관계의 취소를 인정할지는 혼인 당시 말하지 않은 것뿐만 아니라 혼인에 이른 경위와 그동안 생활 관계 등 구체적 사정도 함께 참작되어야 한다. 혹시 하급심 법원이 종전 판례를 기계적으로 따랐다면 '성인지적 감수성'이 부족하지 않았는가 생각한다.

셋째, 출산 경력이 고지할 의무의 대상인지는 당사자의 생각뿐만 아니라 혼인에 대한 사회공동체의 가치관과 사회윤리도 함께 고려되어야 한다. 국가는 건전한 사회 통념을 반영해 혼인 생활을 보장할 헌법상 의무가 있고, 연애와 출산 등 혼전 경력에 대한 보통 사람의 생각은 시대에 따라 변하기 때문이다. 한편 앞으로도 상대방에게 출산 경력을 알려야 한다는 판례가 계속 유지될 것인지에 대해서도 100퍼센트 확언할 수 없다.

넷째, 성폭행으로 출산한 사실은 피해자의 인격권, 사생활의 비밀과 자유 보호를 위해 원칙적으로 고지할 의무가 없다고 보는 게 옳다. 상대방이 혼인하기로 마음먹는 데 '의사결정의 자유'를 침해당한 것은 분명하나, 성폭행 출산이라면 양보해야 한다고 본다. 아동 약탈혼 풍습이 있는 소수민족 출신이라고 해서 A씨가 느낀 수치심과 정신적 고통을 가볍게 보아서는 안 된다. 부모는 딸이 순결을 잃어 어쩔 수 없다고 생각하고 결혼에 동의했겠지만, 이를 당시 미성년자였던 본인의 진정한 의사라고 볼 수는 없다.

다섯째, 혼인하기 전 두 사람이 마음을 열고 고백할 시간이 있었는지도 중요한 요소로 고려되어야 한다. 오랫동안 사귀며 서로를 잘 알고 결혼한 경우와 국제결혼 중개업자 소개로 두세 번 만나 결혼한 경우는 다르게 대우하는 것이 옳다고 본다. A씨가 중개업자에게 건네준 서류에 초혼이라고 적은 것을 들어서 A씨에게 허물을 묻는 태도는 어떻게 살 것인지 정하는 약속과 물건을 거래하는 계약의 질적 차이를 무시한 것이 아닐까.

여섯째, 혼인 취소 사유와 이혼 사유는 다르므로, B씨는 A씨가 결혼한 후에도 상당 기간 출산 경력 등을 알리지 않아 믿음이 깨졌다면 재판상 이혼을 청구할 수 있다. 이 경우 누구에게 혼인 파탄의 주된 책임이 있다고 보는지에 따라 결론이 달라질 수 있다. 아무런 탈 없이 몇 년이 지났는데도 A씨가 과거를 고백하지 않았다면 어떻게 판단할지는 정말로 어렵다.

법원은 아동 약탈혼에 대해 다르게 보았고 다섯째 사항은 검토하지 않았다. 이로써 A씨는 한국에서 6개월 혼인 생활을 하고 4년 6개월 동안 소송하다가 출입국관리법 등에 따른 결혼이민 자격을 더 이상 유지할 수 없어 2017년 7월 베트남으로 돌아갔다. 법원이 A씨에게 공감하고 연민하면서 결혼 전후 사정까지 살펴본 것은 법적 안정성보다 구체적 타당성을 중시한 것으로 타당하다. 다만 참작할 요소를 일부 빠트렸고 동남아시아 여성의 국제결혼의 실질을 외면하지 않았는지 아쉬움이 남는다. 판사는 법적 안정성을 중시해야 한다. 하지만 선량한 시민의 법 감정상 그 결론이 명백히 부당하다면, 판사는 자세한 이유를 대면서 구체적 타당성을 현명하게 실천해야 한다. 바로 그 점이 'AI 판사'와 다른 게 아닐까.

법치주의는 권력을 제한하고 인권을 보장한다

2017년 3월 10일 오전 11시 21분 이정미 헌법재판소장 권한대행은 탄핵사건의 주문 "피청구인 대통령 박근혜를 파면한다."를 낭독했다. 재판장이 선고하면서 시계를 본 것은 바로 그때부터 피청구인은 대통령 자격을 상실하기 때문이다. 우리 역사상 최고 권력자가 헌법과 법률을 위반했다는 이유로 사법절차에 따라 권력을 잃은 첫 번째 사례다. 조선시대 왕이 신하들의 반정으로 물러나고, 대한민국 대통령이 혁명과 정변으로 하야하거나 사망한 사례가 있긴 했다. 이로써 최고 권력자도 법 아래에 있고, 법을 어기면 재판으로 자리에서 쫓겨날 수 있다는 사실을 국민은 분명히 알게 되었다.

세계사를 보면 공동체가 크게 변화하는 시대에 법이 전면에 나서는 경우가 많았다. 중국에서는 진나라가 법가(法家) 사상으로 춘추전국시대를 끝냈다. 로마공화정은 법으로 평민과 귀족의 갈등을 조정해 성장의 발판을 마련했다. 근세 초 서유럽의 왕들은 로마법을 이어받아 영주와 농민의 반발을 억누르고 국가의 기본 틀을 형성했다. 17~18세기 영국과 미국, 프랑스에서 일어난 근대 시민혁명은 올바른 체제와 권력에 관한 논쟁에서 비롯되었고, 그 결과 시민의 뜻을 반영하는 헌법과 법률이 만들어졌다. 중국의 법가는 왕의 명령인 법을 일사불란하게 시행해서 신하와 백성이 왕권을 두렵게 여기도록 만드는 데 목적이 있었다.

조선은 통치이념으로 인(仁)과 예(禮)를 바탕에 두고 국가체제를 구축하려고 《경국대전(經國大典)》을 지었다. 왕의 권력 강화와 효율적인 통치의 수단으로만 법을 활용했던 법가와 달리, 조선은 유학의 가치를 몸으로 체현하고 실천하는 '성왕(聖王)'으로 왕을 자리매김하고 백성을 인자하게 다스리기 위해 법을 제정했다. 하지만 왕조국가에서 백성은 법을 지켜야 할 뿐 법을 만들 수 있는 존재가 아니었다. 그리고 왕이 뭐든 자기 마음대로 할 수는 없었으나, 왕이 자제하지 않으면 법으로 강제할 수 없었으므로 조선은 근대적인 의미의 법치주의 국가가 아니었다.

'법에 의한 지배'에서 '법의 지배'로

법학도의 한 사람으로서 법치주의의 뜻에 대해 상당수 시민이나 언론이 오해하는 부분이 있다고 본다. 법치주의는 법적 근거와 절차에 따라 시민에게서 부여받은 권력을 행사하도록 권력자들에게 명하는 민주주의 국가의 기본 원리다. 다시 말해서 법치주의는 권력자가 시민에게 법을 지키라고 가르치는 것이 아니라, 주권자인 시민이 권력자에게 법에 따라 권력을 행사하라고 요구하는 것이다. 법가는 신민에게 법의 준수를 강요하지만, 법치주의는 권력자에게 법을 지켜야 한다고 말한다. 만약 국민에게만 법을 지키라고 말하는 것이 법치주의라면, 나치 독일의 파시즘 체제나 일제의 식민 통치가 모범적인 법치였다고 말해야 할 것이다. 그동안 우리 사회에서 법치주의가 희화화되었다면, 그것은 권력자나 엘리트의 법적 일탈은 제쳐놓고 시민에게만 법을 지키라고 훈계한 데서 비롯되었다고 생각한다.

권력은 법에 따라 행사되고 제한되어야 한다는 법치주의를, 영국과 미국에서는 '법에 의한 지배(rule by law)'가 아니라 '법의 지배(rule of law)'라고 표현한다. 법의 지배는 권력자가 법 위에 서서 법을 도구로 이용하는 법에 의한 지배와 다르다. 법의 지배는 법을 통치 수단으로 사용하고 개인의 자유와 권리를 탄압하는 '법률적 불법'을 허용하지 않는다. 법치주의, 즉 법의 지배는 근대 시민혁명을 거치며 씨를 뿌렸고, 20세기에 들어와 나치즘과 공산주의 등 전체주의와 싸우고 열매 맺으며 헌법에 둥지를 틀었다.

입법부와 행정부 등 정치권력이 권력을 남용해서 시민을 억압하고 짓누를 때, 독립한 사법부가 재판을 통해 견제하고 법치주의를 지켜내는 것이 아주 중요하다. 여기서 사법부가 그 역할을 제대로 했는지, 오랫동안 시민의 인권을 수호하는 데 앞장선 한승헌 변호사의 평가를 들어본다.

정치적 사건의 재판은 사법의 명과 암을 국민 앞에 집약하여 보여주는 시험대가 된다. 해방 이후 역대 정권을 거치면서 우리 사법부는 바로 그 집권 세력에 시달리는 시련을 겪어왔다. 그런 풍파 속에서 일부 법원 수뇌부와 일선 법관들이 자의든 타의든 정권의 의도에 추종하거나 영합하는 재판을 함으로서 국민의 실망과 분노를 산 것은 부인할 수 없다. 그러나 그와는 달리 권력의 간섭과 위협을 무릅쓰고 올바른 재판을 견지하여 사법의 명맥을 지킨 법관들, 그로 인해서 온갖 박해와 불이익을 당한 법관들이 있었다는 사실도 잊어서는 안 된다. 세 번에 걸쳐 사법파동(1차 1971년, 2차 1988년, 3차 1993년)에 분연히 나섰던 많은 법관도 사법부의 독립을 지키고자 용기를 발휘했다. 사법부가 위기에 처했을 때 뜻있는 법관들의 고민과 용단이 우리 사법부의 체통을 살리는 자연스러운 역사를 기록했다는 것을 불행 중 다행으로 생각한다.[14]

민주주의는 법치주의를 통해 절차와 형식을 갖춘다. 과거 독재정권뿐만 아니라 권위주의 정권도 법치주의를 내세워 민주주의를 실천하려는 민주화운동을 억압하고 처벌했다. 그 후 '민주화운동 관련자'를 보상하는 법률이 제정되자, 법원이 어떤 기준으로 민주화운동을 판단해야 하는지가 문제로 제기되었다. 필자는 판결문에 이렇게 썼다.

권위주의적 통치행태에 항거하는 민주화운동은 시민이 정부에 국민의 기본권을 최대한으로 보장하고 국민에 의해 국정이 이루어질 것을 요구하는 것이다. 이런 요구는 일반적으로 정부가 민주주의에 필수불가결한 표현의 자유를 억압하고 처벌하는 것에 대항해서, 시민이 국가의사 결정 과정에 참여하려는 형태로 진행된다. 따라서 민주화운동 보상법이 정한 국민의 자유와 권리를 회복·신장시키는 활동에 해당하는지 판단할 때도 항거 행위 자체의 동기나 목적만 고려 요소로 삼을 것이 아니라, 당시 정부가 어떤 권위주의적 행태를 보였으며 이에 대항하는 항거자의 행위는 어떤 관련성을 갖고 있는지도 함께 고려되어야 한다. 산이 높으면 높을수록 골짜기도 깊어지는 법이고, 몰아치는 비바람과 흐르는 물의 방향과 세기에 따라 골짜기의 모습도 달라지는 법이다.[15]

법치주의는 제대로 구현되고 있는가

법치주의는 역사적으로 정치권력자의 자의와 폭력을 억제하기 위한 원리이자, 시민의 자유와 인권을 보장하는 원리로 발달해 왔다. 법치주의 국가가 시민에게 법을 준수하라고 요구할 수 있는 이유는 법이 시민의 자유와 재산을 보호하며 인간의 존엄과 사회정의를 지향하기 때문이다. 헌법은 제10조에서 인권 보장의 대원칙을 밝히고, 이어서 개별적 인권을 자세하게 규정한다.

모든 국민은 인간으로서의 존엄과 가치를 가지며, 행복을 추구할 권리를 가진다. 국가는 개인이 가지는 불가침의 기본적 인권을 확인하고 이를 보장할 의무를 진다.

  헌법재판소는 법치주의의 뜻을 이렇게 설명한다.

오늘날의 법치주의는 국민의 권리·의무에 관한 사항을 법률로 정해야 한다는 형식적 법치주의에 그치는 것이 아니라, 그 법률의 목적과 내용 또한 기본권 보장의 헌법이념에 부합되어야 한다는 실질적 법치주의를 의미한다.

  인권 보장을 강조하는 법치주의에서는 특히 사회적 소수자를 보호하는 것이 중요하다. 사회적으로 억압받고 차별받는 소수자에 대한 보호와 배려가 부족할 때, 개개 인간의 존엄성은 무시되고 공동체의 갈등과 분열은 심해진다. 다수가 원한다고 해서 소수자의 인권을 침해하는 법이 제정되고 시행되는 사회는 법치주의 사회가 아니다. 죄수의 신체 장기를 떼어내서 이식하거나 정신장애가 있는 여성에게 불임수술을 시행하는 것, 부랑아나 조직

폭력배를 함부로 잡아 가두고 강제 노역을 시키는 것은 모두 불법이고 부정의다. 다수결 원리로 운영되는 입법부나 행정부가 소수자의 인권을 보호하지 못할 때, 선거로 선출되지 않은 사법부는 권력의 향배나 수시로 변하는 여론에 흔들리지 않고 '소수자의 인권을 보호하는 마지막 보루'로서 책무를 다해야 한다. 성전환수술을 한 사람이 신청한 성별 정정을 받아들인 고종주 판사는 판결문에 이렇게 적었다.

성정체성에 관한 장애를 극복하고 새로운 성으로서 우리와 함께 섞여 행복을 추구할 수 있도록 배려하고 협력하는 것이야말로 사법이 추구하는 목적인, 그 바탕에 인간에 대한 깊은 애정을 깔고 있는 것으로서 그와 같이 소수자들이 각 분야에서 자신들의 인격의 실현과 행복 추구에 불편함이 없게 됨으로써 비로소 우리 사회는 진정한 의미에서의 건강하고 성숙한 복지사회가 될 수 있을 것이다.[16]

과거 우리 사회는 권력자가 국민을 통제하는 수단으로 법을 이용한 측면이 많았다. 법이 인간의 존엄에 바탕을 두고 자유와 인권을 보장하기 위해 권력을 제한한다는 주장은 법조인도 화제로 삼기를 꺼렸다. 교과서는 그리스 철학자 소크라테스까지 동원해서 '악법도 법'이라고 가르쳤다. 국가인권위원회는 2002년, 헌법재판소는 2004년, 과거 권위주의 정부가 '공동체를 위해서는 개인의 기본권이 희생되어도 괜찮다'는 생각을 심어주려고 소크라테스 재판을 악용했으므로 개선되어야 한다고 지적했다.[17] 하지만 교과서는 크게 달라지지 않았다. 그러나 민주화 시대를 거치면서 시민은 이런 생각을 떨쳐버리고 법은 법다워야 한다고 주장한다. 우리 모두가 지켜내야 할 법치주의, 지금 이 땅에서 제대로 구현되고 있는가.

정치의 사법화,
사법의 정치화

공직선거법상 선거재판 결과에 따라 당선인 신분 상실, 공직 취임 제한 등 신분상 불이익이 부가되고 선거 결과가 무효로 된다. 선거재판에서 유무죄와 양형이 매우 중요한 이유다. 각종 선거가 끝나면 후보자들은 꼬투리라도 잡아 상대방을 고소·고발하고, 검찰은 공소시효기간 6개월 이내에 수사하고 기소 여부를 결정하기에 바쁘다. 법원은 선거 전담 재판부를 두어 법정처리기간인 1년 이내에 마무리하려고 노력한다. 2020년 7월 대법원은 유력 정치인 사건에서, 공직 후보자 토론회에서 나온 발언은 선거인의 정확한 판단을 그르칠 정도로 사실을 의도적으로 왜곡한 것이 아니라면 다소 과장되거나 다의적으로 해석될 여지가 있을 때 허위사실공표죄로 처벌할 수 없다고 판단했다. 이 판결에 대해 법적으로는 물론 정치적으로 많은 비판과 비평이 있었다.

오랫동안 권위주의체제에 저항하며 형성된 민주화운동은 '1987년 민주 헌정 체제'를 낳았고, 민주 헌정 체제 아래 정치권력은 수시로 교체되었으며, 헌정 체제의 결실로 헌법재판소가 활성화되었다. 그러면서 정치·사회적으로 중요한 이슈나 갈등이 정치과정에서 해결되지 못하고 헌법재판소나 대법원의 재판을 거쳐 결정되는 경우가 많아졌다. 조금만 생각해봐도 과거 청산, 대통령 탄핵 여부, 신행정수도 건설의 위헌, 간통죄 위헌, 존엄사 허용, 국가보안법 폐지 여부, 양심에 따른 병역거부가 떠오른다.

　학자들은 이런 현상을 '정치의 사법화'라고 부르며 그 원인을 다양하게 설명한다. 그들에 따르면, 정치의 사법화는 민주화 이후 위헌법률심사제도가 정착되고 사법부의 독립이 강화되며 심화되었다. 정치권의 분열로 국회가 효과적인 정책 결정에 실패하거나 정치적 결정에 부담을 느끼는 경우도 많아졌다. 한편으로는 헌법 규범이 생활화되고 시민이 기본권을 지키려는 의식이 확산되었다. 시민사회와 공익단체가 소수자를 보호하려고 공익소송을 내는 일이 늘어났다. 특히 우리나라에서는 치열한 선거운동이나 입법과정에서 발생한 소소한 다툼까지 미주알고주알 폭로하고 고소·고발전을 벌이면서 '정치의 범죄화'까지 증가했다.

정치의 사법화, 무엇이 문제인가

정치의 사법화는 우리나라뿐만 아니라 대의제 민주주의와 실질적 법치주의를 채택한 나라에서 20세기 후반부터 일반적으로 나타난다. 종래 정치세력 간 힘의 논리에 의해 막후에서 비공식적인 방법으로 해결되던 국가적 사안이 민주주의 과정에서 공개적으로 논의되고, 정치과정을 통해 해결되지 못한 사안이 사법부의 판단 영역으로 넘어오는 것이다. 서구 선진국에서는 사법부가 재판을 통해 인종차별 종식, 여성의 낙태권과 소수자 보호, 공립학교에서 종교교육과 이민정책 등을 결정했다.

대표적인 사례로, 1954년 미국 연방 대법원이 공립학교에서 흑인 학생과 백인 학생을 분리해서 가르치는 것은 부당하다고 한 '브라운 대 토피카 교육위원회 재판'을 살펴본다.[18] 8세 흑인 소녀 린다 브라운은 집에서 가까운 백인 학교를 놔두고 매일 1마일을 걸어가 통학 버스를 타고 흑인에게만 허락된 학교에 다녔다. 어린 딸에 대한 안타까움에 철공소 노동자 아버지는 정부의 흑백 분리 교육정책으로 헌법이 보장하는 평등권을 침해받았다고 주장하며 시정을 요구하는 소송을 제기했다.

남북전쟁으로 흑인 노예들은 해방되고 헌법상 백인과 동등한 권리를 보장받았다. 하지만 남부 주정부는 사회질서와 안정을 유지하는 데 도움이 된다며 공공건물과 학교, 교통수단 등 공공시설을 백인용과 흑인용으로 분리하고 실질적으로 흑인을 차별했다. 이런 정책은 명백히 부당했으나, 백인 표를 의식한 정치권은 적극적으로 나서지 않았다.

워런 대법원장이 이끄는 대법원은 인종적으로 분리된 교육시설은 근본적으로 동등할 수 없다며 브라운의 손을 들어주었다. 그렇게 판단한 이유는 흑인 학생에게 공동체에서 열등감을 조장해 회복할 수 없는 마음의 상처를 줄 수 있기 때문이었다.

정치의 사법화 현상에 대해 어떤 학자는 공론장에서 정치적으로 해결해야 할 쟁점이 사법적으로 해소되어 삼권분립의 견제와 균형 원리가 위협받는다고 비판한다. 선거로 선출되지 않아서 '민주적 정당성'이 없는 사법부가 국가적으로 중요한 결정을 해서 의회주의를 위협하고 민주주의를 약화시킨다는 것이다. 다른 학자는 선거 절차의 결함과 의회의 분열로 인해 정치적 결정과 입법이 제대로 이루어지지 않을 때, 정치의 사법화는 민주주의에 필요하고 바람직하다고 반박한다. 입법권의 남용을 억제하고 권력자의 초법적 행위에 대처해서 민주주의를 다지고 실질적 법치주의를 구현한다는 것이다.

필자는 무엇보다도 정당이나 국회 등 정치권이 적절한 결정을 하지 않았거나 사법부에 책임을 떠넘긴 측면이 많다고 본다. 결론이 올바른지에 대한 논쟁은 많으나, 사법권이 국민주권과 정치권력을 무시하거나 뛰어넘었다는 평가는 비교적 소수다. 시민에게는 '누가' 결정했는지보다 '어떤' 결정인지가 더 중요할 것이다. 오히려 폭로·고소·고발로 벌어진 형사사건에서 판사가 법적 판단으로 결론을 내면, 극도로 편향된 생각과 정치적 이념에 따라 판결을 불신하거나 찬양하는 '한국형' 정치의 사법화가 더 큰 문제가 아닐까.

정치의 사법화는 역으로 정치권력이 사법부의 판단을 유도하거나 재판이 정치적 쟁점으로 비화하는 '사법의 정치화'를 초래한다. 정치의 사법화가 일상화되면 재판에 대한 정치권과 시민의 관심도 커질 수밖에 없다. 여야를 막론하고 정치권은 다양한 방법으로 재판에 압력을 넣고 싶은 유혹을 느낀다. 우리나라 정치가 양극화 현상을 보일수록 팬덤 현상을 보이는 시민은 지지하는 세력의 정치적 입장에 우호적으로 결론 나면 '명판결', '소신 판사'라고 추켜세우고, 반대일 경우 판사의 출신지나 친인척, 사생활에 대해 신상 털기에 나선다. 사회·정치적 분열과 수사 과정에서 공정성 시비가 그대로 법원을 흔든다. 어떤 판사는 부적절한 언행이나 판결 이유로 정치적 편견을 드러내서 논란과 시비의 중심에 서기도 한다. 이런 현상이 증폭되면 법치주의와 사법부의 신뢰는 위기를 맞는다.

사법의 독립을 보장하면서 정치의 사법화를 줄여나가려면
정치의 사법화는 기본적으로 사법의 독립이 보장되는 곳에서 문제가 되므로 정치의 사법화와 사법의 정치화는 민주주의와 사법체제가 발전하면 어느 정도 일어날 수밖에 없다. 원칙적으로 정치·사회적 갈등은 대화와 타협을 통해 정치적으로 해결하는 것이 바람직하고, 사법부는 이를 촉진하고 보완하는 역할에 그쳐야 한다. 이 과정에서 판사는 힘의 논리나 수의 많고 적음을 의식하지 않고 치밀한 논증과 수사로 정치권과 시민을 설득하는 노력을 기울여야 한다. 바로 그 점에서 정치와 사법이 다르기 때문이다. 나아가 판사는 일상생활에서나 재판에서나 정치적으로 행동하지 않아야 한다. 정치인에게 때로 요구되는 부정직성과 당파성, 냉혹함을 판사가 보여주는 경우, 정치권은 사법의 민주적 정당성 부족을 문제 삼고 언론은 사법부를 더 세게 비난할 것이다.

어떤 사람은 법률 실력과 법조 경험을 기준으로 대법원장이 임명하는 방법은 '판사의 관료화'를 촉진하고 시민의 뜻이 사법절차에 반영되지 못하므로 판사를 선거로 뽑아야 한다고 주장한다. 하지만 세계적으로 법관 선거는 미국에서 주 판사 등 극히 일부에서 실시된다. 판사가 특정 정당의 지지를 받고 선거운동을 벌여 당선된다면, 반대파 시민은 재판의 공정함을 믿지 않을 것이다.

국민 다수의 의사를 반영해야 하는 입법부나 행정부와 달리 법관을 선거로 뽑지 않는 이유는, 정치과정에서 소외되는 소수자의 권익을 보호하고 선거로 좌우될 수 없는 헌법적 가치와 인권을 보장하기 위해서다. '브라운 대 토피카 교육위원회 재판'이 대표적이고, 우리나라도 양심에 따른 병역거부자 재판을 비롯해서 사례가 많다. 선거에서 승리한 정파가 사법권까지 장악하면 권력의 '견제와 균형'은 사라진다. 이런 점에서 대법관과 헌법재판관의 임명권을 사실상 다수 정파에게 준 현행 제도는 개선될 필요가 있다. 독일에서는 연방헌법재판소 재판관의 임기는 12년(연임이나 중임 불가)으로, 연방하원과 상원이 절반씩 선출하는데 가중정족수(하원의 재판관선출위원회 또는 상원의원의 2/3 이상 동의)로 선출한다. 우리나라의 경우 정치권력이 교체되더라도 고위법관 상당수가 재직할 수 있도록 임기를 6년에서 10년으로 늘리거나(헌법 개정 사항), 소수 정파의 비토권을 보장해서 임명할 때 국회에서 5분의 3 이상의 동의를 얻는 방안(법률 개정 사항)을 생각할 수 있다.

글 첫머리에 언급한 사건에서 대법원은 선거 과정에서 고소·고발이 이어지고 수사권이 개입되면 선거 결과가 검찰과 법원의 사법적 판단에 좌우되어 민주주의 이념이 훼손될 우려가 있다고 설명했다. 이에 대해 토론회 공방 과정에서 금지(법적 규제)의 척도가 낮아질 경우 토론회 질이 낮아지고 유권자 관심이 떨어져서 선거의 공정성을 훼손한다고 반박하는 소수의견도 있다. 이 판결은 새로운 법리를 이끌어내려고 법원이 지향하는 목적을 드러낸 점에서 이례적이다. 앞으로 그 잣대가 정파를 가리지 않고 모든 후보자에게 적용된다면 불공정 논란은 사라질 것이다.

또한 법원이 사회적으로 많은 논란이 예상된 사건에서 정치적 권한을 스스로 억제한 것은 한국형 정치의 사법화와 사법의 정치화를 줄이는 데 도움이 되리라고 본다. 다만 다른 사람 눈의 티는 보면서 자기 눈의 들보는 깨닫지 못하는 공직 후보자들의 발언에서 옥석을 구분하는 일은 유권자 몫으로 남았다.

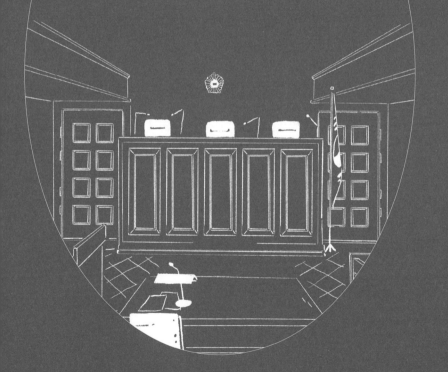

4장

세상 물정에 어두운 판사가
세상사를 판단한다는 것

화성에서 돌아온 판사의 가장 큰 문제는,

동네 사람과 공감하고 소통하지 않은 채 개념과 법리만 말하는 것이다.

유학 보낼 때 현자로 돌아오길 기대했는데, 공구만 만지작거리는

'법률 기술자(legal technician)'로 온 것이다. 오늘도 시민은

판사가 말을 들으려 하지 않고 자기 말만 한다고 불평한다.

판사가 당사자를 의사소통의 상대방이라고 생각하며 말을 들어주고

공감할 때, 법정은 진정한 의미에서 소통의 장이 될 것이다.

화성에서 돌아온 판사

이들의 머릿속에는 법으로 만든 가상세계가 들어 있을 것이다. 거기서는 모든 것이 다르게 불린다. 가령 떨어지는 나뭇잎은 '분리되는 토지의 정착물'이라고 해야 한다. 사람이 토끼를 잡는 것은 '선점', 토끼를 동네 사람에게 나눠주는 것은 '인도'라고 해야 한다. 그로 인해 동네 사람에게는 '부당이득'이 발생한다고 해야 한다. 동네 사람들이 알아듣지 못하는 말을 자기들끼리 주고받으면서 키득거린다.[1]

이들은 누구일까? 대부분 대한민국 법학전문대학원생이거나 법률가라고 생각할 것이다. 오답은 아니지만, 김희균 교수는 서양 중세에서 가장 오래된 '볼로냐 대학'에서 로마법을 공부하고 고향으로 돌아온 법학 박사의 생각과 대화를 상상했다. 평균 수명이 50세도 안 되던 시절, 20년 가까이 유학 생활을 하고 고향으로 돌아온 이들은 주변에서 일상적으로 일어나는 것을 외계인의 언어로 말하고 재판했다. 배우지 못한 고향 사람들은 이들의 권위에 따를 수밖에 없었다.

법은 공구 상자다

대학교 1학년 겨울방학 때 당시 법학도의 바이블 격인 곽윤직(郭潤直, 1925~2018) 교수의 《민법총칙》을 읽으면서, 법학에 '친하지 아니한'(이 용어도 그 책에서 처음 보았다) 법학도라고 생각했다. 멀리 서울로 유학을 왔는데, '나는 어쩔 수가 없구나.'라고 낙심했다. 이따금 학비를 대느라 전전긍긍하는 어머니 얼굴도 떠올랐다. 그 책은 전혀 듣지 못한 법률 개념을 정의하고 분류한 다음 법리를 설명했다. 내 머리가 부족해서인지 아니면 저자의 설명이 불친절해서인지는 모르겠으나, 제대로 이해하지 못했고 현실에 어떻게 적용되는지도 알 수 없었다. 학교 도서관에 고정 좌석을 잡고 법서를 읽고 또 읽으며, '무엇에 대해서 논하라'는 문제에 그럭저럭 답안지를 채울 수 있었다. 탄력이 붙었는지 형법과 헌법 등 다른 사법시험 과목도 몇 번을 읽으며 조금은 쉽게 길을 걸었고, 요행수로 아는 문제가 많이 나와서 빨리 합격했다. 사법연수원에서는 모의 기록을 '요건사실'과 '증명책임'에 따라 해부한 후 판례를 적용해 판결문을 작성하는 것을 되풀이해서 배웠다. 동기생과 법률용어를 주고받으며 치기 어린 자부심을 느끼기도 했다.

공부하느라 세상과는 담을 쌓고 지냈으며, 일상생활은 어떻고 세상이 어떻게 돌아가는지도 별다른 관심이 없었다. 그래도 법복을 입고 재판하는 데 큰 어려움은 없었다. 한참 후 민사재판 실무를 가르치는 사법연수원 교수로 일했는데 제자들 모습은 10여 년 전 필자, 수백 년 전 볼로냐 졸업생과 크게 다르지 않았다.

그렇다면 '요건사실'과 '증명책임'은 무엇일까? 민사사건에서 권리가 발생하거나 소멸하려면 갖추어야 하는 사실이 요건사실이고, 요건사실이 존재하는지 불분명할 때 불이익을 받는 것을 증명책임을 부담한다고 한다. 예를 들어 빌려준 돈을 청구하는 경우 요건사실은 ① 소비대차계약을 체결하고, ② 돈을 건네주고, ③ 반환 시기가 지나갔다는 것이다. 이자나 지연손해금을 추가하려면 ④ 이자 약정을 했고, ⑤ 손해가 발생했음을 별도로 갖추어야 한다. 이에 대해 피고는 ⑥ 변제했거나 ⑦ 공탁했거나 ⑧ 시효가 지나갔다는 사실 등을 들어 의무를 면할 수 있다.

물론 여기에도 의무를 면하는 항변 사유별로 세부적인 요건사실이 있다. 일상적인 경제생활에 필수적인 매매나 임대차로 들어가면, 원고가 무엇을 청구하는지(법학에서는 '소송물'이라고 부른다)에 따라 증명해야 하는 요건사실이 《수학의 정석》처럼 정리되어 있다. 이런 걸 모아놓은 책을 보고 모의 문제를 푸느라 밤을 지새우는 법학도가 지금 이 시간에도 많을 것이다.

이런 걸 몰라도 시민은 잘 살지만, 법률가는 예나 지금이나 요건사실과 증명책임으로 사적 분쟁을 심판한다. 법률가에게 요건사실의 바탕이 되는 개념과 수학적 논리는 공구 상자에 들어 있는 공구이고 설명서이다. 법률가는 분쟁을 만나면 그에 맞는 공구를 꺼내 처리한다. 이런 점에서 요건사실은 법률가끼리 통용되는 '프로토콜(protocol)'이고, 법률가와 시민 사이에 가로놓인 진입 장벽이다.

수백 년 전 볼로냐 졸업생, 30여 년 전 필자, 2021년 법학전문 대학원에 입학한 학생은 개별적으로 다른 사람이지만, '법률 개념으로 사람과 세상을 바라보고 분쟁을 해결하려고 한다(개념법학)'는 점에서는 차이가 없다. 지금 여기서 어떤 일이 일어나는지 두 눈으로 살피지 않고, 오래전부터 법을 분석해서 뽑아낸 개념으로 사물과 사건을 추상적으로 분석한다. 그러면서도 어느 법학자는, 법은 어떤 관점에서 바라본 인간의 삶 그 자체이고 인간사가 다양한 만큼 법도 복잡하다고 말한다. 하지만 지금은 나치 독일에 항거했던 상대주의 법철학자 구스타프 라드브루흐(Gustav Radbruch, 1878~1949)의 깊은 성찰이 훨씬 마음에 와닿는다.

세계는 단 하나 진리로 가두기에는 너무 풍부하고 생생하다. 법률가에게는 다양한 색채의 세계를 일곱 가지 기본색 속으로 던져버려야 된다는 것을 의식할 때가 언젠가 한 번은 온다. 숲을 보지 않고 나무만 보려고 하는 것이 법학의 끊을 수 없는 본질이다. 법적인 사고는 사람의 가장 구체적인 삶에, 그러면서도 가장 추상적인 윤곽에만 관계하도록 요구한다.[2]

젊었을 때 화성으로 유학 가서 외계인의 언어로 쓰인 법을 공부했고 지구로 돌아와 법으로 판단하는 것을 직업으로 택한 사람으로서 이렇게 생각한다. 판사는 개념으로 사람들 사이에서 일어난 분쟁을 분석하고 그에 포섭되는지 예리하게 따져야 한다. 개념이 정의되지 않고 세분화되지 않으면, 재판관의 주관적인 생각이나 정의감에 따라 결론이 달라져 법적 안정성이 흔들리기 때문이다. 하지만 개념이 현실 세계에 실제로 존재한다거나 의미가 고정되었다고 생각해서는 안 된다. 개념은 법에서 공통적인 것을 모아 정리한 것일 뿐, 법이 작동하는 현실 세계가 변하면 그에 맞추어 의미가 바뀌거나 새롭게 부여되어야 한다.

대한민국은 고대 로마나 중세 볼로냐가 아니다. 모름지기 법과 법학은 당대의 사회문제를 해결하기 위한 수단일 뿐이다. 법을 적용하려고 또는 법조인에게 알량한 법률 지식을 뽐내라고 시민이 다투고 재판하는 것이 아니다. 판사는 흑백만 보는 법 개념이라는 안경을 벗고, 지금 여기서 풍요롭고 생생하게 움직이는 현실을 느끼고 보아야 한다. 그리고 기존 개념과 법리에 따른 결론이 양심과 정의감에 비추어 부당하면, 판사는 법 원리와 신념에 따라 새로운 개념과 법리를 만들어야 한다.

판사에게 가장 필요한 것, 공감능력

판사들은 시민사회와 충분히 소통하고 있는가? 법정에서 쓰는 말은 생소하며, 법적 논리만 있는 판결문은 설득력이 부족하고 감흥도 일으키지 않는다. 중요한 판결이 있어도 언론은 결과 위주로 보도하고, 정치인은 유불리만 따지며, 법률가는 법적인 측면만 분석하고, 인문학자와 사회과학자는 거들떠보지도 않는다.

이런 현상에 대한 1차적인 책임은 판사에게 있다. 사람은 어떤 일에 부딪히면 감정이 먼저 일어나지 논리가 앞서지 않는다. 논리를 중시하는 판사도 마찬가지다. 판결은 사람에게 답변하는 것이기 때문에, 법적 논증은 필수적이지만 감정에 호소하고 설득하는 것도 꼭 갖추어야 한다. 재판이 마음에 와닿으려면 왜 이 사람이 이런 일에 빠져 법정에 올 수밖에 없었는지 따뜻한 가슴과 섬세한 눈으로 보아야 한다. 바로 인문학적 성찰이다. 혹시 사회구조적으로 문제가 있는 건 아닌지 크게 볼 줄도 알아야 한다. 바로 사회과학적 분석이다.

지금 우리나라 판사에게 부족한 것은 법률 지식이 아니라 인문학과 사회과학이다. 인문학자와 사회과학자는 우리 재판 사례도 소재로 삼아 분석하고 연구해서 서구에서 배운 이론이 맞는지 살펴야 한다. 우리나라 법과 재판을 모른다는 게 자랑거리는 아닐 것이다. 언론은 인문학적 성찰과 사회과학적 분석이 담긴 판결문을 소개하고 교과서에도 실려서, 재판이 시민에게 가까워

지는 날이 오기를 고대한다.

　화성에서 돌아온 판사의 가장 큰 문제는, 동네 사람과 공감하고 소통하지 않은 채 개념과 법리만 말하는 것이다. 유학 보낼 때 현자로 돌아오길 기대했는데, 공구만 만지작거리는 '법률 기술자(legal technician)'로 온 것이다. 오늘도 시민은 판사가 말을 들으려 하지 않고 자기 말만 한다고 불평한다. 판사가 당사자를 의사소통의 상대방이라고 생각하며 말을 들어주고 공감할 때, 법정은 진정한 의미에서 소통의 장이 될 것이다. 공감은 감정이입을 통해서 다른 사람과 같이 느끼는 감정이다. 판사는 공감능력이 있어야 시민에게 필요한 선이 무엇인지 숙고할 수 있다.

　이런 점에서 20세기 최고의 정치철학자로 불리는 한나 아렌트(Hannah Arendt, 1906~1975)가 아무런 죄의식 없이 유대인을 학살하는 데 관여한 아돌프 아이히만에 대해 평가한 것을, 개념에 파묻힌 판사는 곱씹어봐야 한다.

그의 말을 오랫동안 들으면 들을수록, 그의 '말하는 데 무능력함'은 그의 '생각하는 데 무능력함', 즉 '타인의 입장에서 생각하는 데 무능력함'과 매우 깊이 연관되어 있음이 점점 더 분명해진다. 그와는 어떤 소통도 가능하지 않았다. 이는 그가 거짓말을 하기 때문이 아니라, 그가 말과 다른 사람들의 현존을 막는, 따라서 현실 자체를 막는 튼튼한 벽으로 에워싸여 있었기 때문이다.[3]

판사는
핵인싸가 아니다

1999년 9월 이익치 현대증권 회장에 대해 구속영장을 청구할지를 두고 정부와 검찰이 충돌했다. 이 회장은 IMF 경제위기를 극복하려면 우리나라 기업의 주식을 사야 한다고 주장하면서 '바이코리아 펀드'를 판매했는데, 기업의 주가를 조작했다는 혐의를 받았다. 언론은 '단군 이래 최대 사기사건'이라고 보도하면서 정부와의 관계도 암시했다. 구속수사를 주장했으나, 대북한 경제협력과 관련된 인사의 구속이 미치는 사회적 파급력을 의식한 청와대의 완강한 반대에 부딪혔다. 박순용 검찰총장은 마지막으로 고검장 회의를 소집한 후 전부 찬성했다고 설명하며 영장 청구를 강행했다. 영장실질심사를 마치고 사무실로 돌아와 기록을 보니 혐의는 소명되었다. 밤늦게까지 결과를 기다리다 참지 못한 한 기자가 불쑥 들어오더니, "혹시 청와대나 대법원장으로부터 연락받거나 지시받지 않았나요?"라고 물었다. "아, 기다리고 있는데 아직까지 전화를 받지 못했네요."라고 응수했다. 기자는 머리를 긁적이며 사무실을 나갔고, 필자는 바로 구속영장을 발부했다.

사법이 독립하지 않으면 시민의 자유도 존재할 수 없다

중세 말기 영국 왕실 법원은 '왕이 하느님으로부터 나라와 신민을 다스릴 권한을 받았다(왕권신수설)'는 믿음에 따라 왕의 이름으로 중요 범죄와 민사사건을 재판하면서 절대 권력을 보좌했다. 1608년 제임스 1세는 왕실 법원에서 에드워드 쿡(Edward Coke, 1552~1634) 대법관에게 법관이 쓰는 가발과 법복을 빌려달라고 말했다. 대법관은 재판은 법관의 직무이며 국왕이더라도 법관이 될 수 없다고 거절했다. 왕은 나라도 다스리는데 재판 하나 못하겠냐고 찔러보았다. 대법관은 "자연적 이성만으로는 법률을 제대로 이해하거나 파악할 수 없고, 법관이 되려면 전문적인 훈련과 오랫동안 실무 경험을 갖추어야 하며, 그렇지 않으면 생명과 재산 및 자유와 직결되는 재판권을 행사해서는 안 된다."고 말하며 끝까지 거절했다. 그 후 어떤 영국 왕도 직접 재판하려고 하지 않았다.[4] 조선시대 국왕이 대역죄인을 직접 심문한 친국(親鞫)과 비교된다.

　　정치권력으로부터 사법권이 독립해야 한다는 이론은 18세기 중반 프랑스의 전직 판사였던 사상가 몽테스키외(Charles-Louis de

Secondat, Montesquieu, 1689~1755)가 처음 주장했다. 몽테스키외의 이론은 절대왕정 치하에서 재판이 정치권력에 좌우되는 것을 본 많은 학자와 지식인이 공감했고, 1789년 미국 헌법에서 명문으로 규정된 이후 서양 각국에서 점차 받아들여졌다.

일본도 메이지유신 이후 근대화를 시작하며 재판소를 설치했는데, 1891년 '오쓰 사건'으로 시련이 닥쳤다. 오쓰에서 경비를 맡은 경찰관이 당시 일본을 방문 중인 러시아 황태자 니콜라이의 머리를 일본도로 내리쳤다. 뒷머리를 스쳐 찰과상에 그쳤지만, 외교적으로 결례를 범한 일본은 러시아의 보복을 두려워하며 대책을 논의하느라 바빴다. 왕은 엄중한 처벌을 지시했고, 정부는 대심원에 사형만 가능한 대역죄로 기소했다. 당시 일본 형법은 왕이나 왕족에게 위해를 입힌 범죄를 대역죄로 규정했는데, 외국 왕족에게는 적용되지 않았다. 정부는 재판소에 엄청난 압력을 가했지만, 대심원장 고지마 고레가타는 일반 형법상 살인미수죄를 적용해서 무기징역을 선고했다. 독립된 사법 체계를 열망했으며, 서양 각국이 일본 법 제도의 미숙함을 트집 잡아 불평등조약을 강요하고 경멸하는 것을 걱정했기 때문이다.

우리나라에서 재판 업무만 전담하는 재판소(법원)와 판사는 조선왕조가 갑오개혁으로 1895년 '재판소구성법'을 제정하면서 시작했다. 하지만 경험과 인식 부족으로 행정부로부터 완전히 독립하지 못했고, 얼마 지나지 않아 국권을 빼앗겨 사법은 식민지 억압 체제의 하나로 전락했다. 1948년 제헌헌법으로 근대적 의미의 사법 독립이 보장되었고, 항일 민족변호사 가인(街人, 나라를 되찾기 전에는 '길거리 사람'에 불과하다는 뜻) 김병로(金炳魯, 1887~1964)가 초대 대법원장으로 취임했다. 하지만 건국과 전쟁의 와중에 대통령에게 권력이 집중되었다. 권위주의적 행태를 보인 이승만은 민주주의를 수호할 마음이 없었으며 사법의 독립을 존중하지 않았다. 이승만은 사법부 형편이 말이 아니라며, 다행히 대법원장이 행정부와 협의해서 나아졌다는 취지로 말했다. 김병로는 곧바로 반박했다.

"법관은 독립해서 재판하는 것인 만큼 지시할 수 없다. 내가 행정부와 협의해서 무얼 했다고 말하나, 그런 일은 과거에도 없었고 또한 앞으로도 단연코 있을 수 없는 일이다."[5]

정권에 불리한 판결이 선고되자 이승만은 법원을 비난하며 판사의 권한을 제약하는 법을 만들어야 한다고 억지를 부렸다. 김병로는 다시 의연하게 반박했다.

"판사가 내린 판결은 대법원장도 이래라저래라 말할 수 없다. 판결이 잘못됐다고 생각하면 상소하면 되지 않는가."[6]

헌법 제101조 제1항은 사법권이 법관으로 구성된 법원에 속한다고 규정하는데, 법원이 조직·운영·기능 면에서 국회와 정부로부터 독립해야 한다는 뜻이다. 헌법 제103조는 법관이 헌법과 법률에 의하여 그 양심에 따라 독립하여 심판한다고 규정하는데,

법관이 재판할 때 법원 내외부로부터 간섭이나 지시를 받지 않아야 한다는 뜻이다. 재판의 공정성과 중립성을 보장하기 위한 사법과 재판의 독립은 법치주의의 핵심 요소이므로 어떤 이유로든 유보되거나 제한될 수 없다. 왜 그렇게 중요한가? 몽테스키외는 1748년 《법의 정신》에서 다음과 같이 주장했다.

재판권이 입법권과 집행권에서 분리되어 있지 않을 때도 자유는 존재하지 않는다. 만약 재판권이 입법권에 결합되어 있다면 시민의 생명과 자유에 대한 권력은 자의적일 것이다. 왜냐하면 재판관이 곧 입법자일 것이기 때문이다. 만약 재판권이 집행권과 결합되어 있다면 재판관은 압제자의 힘을 갖게 될 것이다.[7]

'미국 헌법의 아버지들'은 1788년 헌법의 정신을 시민들에게 쉽게 설명한 《페더럴리스트 페이퍼(The Federalist Papers)》에서 이렇게 말했다.

사법부는 헌법상의 정치적 권리를 위협할 가능성이 가장 적은 기관이다. 행정부는 명예(훈장, 특권)를 나누어줄 뿐 아니라 공동체를 지키는 칼(공권력)도 가지고 있다. 입법부는 나라의 지갑(예산)을 관리할 뿐 아니라 모든 시민을 규율하는 권리와 의무를 규정한다. 반면에 사법부는 그 칼(공권력)에도, 그 지갑(예산)에도 아무런 영향력을 행사할 수 없고, 사회의 힘이나

부에도 영향을 미치지 못한다.[8]

사법의 독립은 판사의 고독과 함께한다

몇 년 전 고향에서 법원장으로 일했는데, 평소 교류가 없는 먼 친척에게서 담당 판사에게 재판을 잘하라고 말해달라는 부탁을 받았다. 법원장은 판사들이 재판을 잘하도록 '판소리의 고수'처럼 추임새를 넣어주는 권한밖에 없다고 말했는데, 믿지 않는 눈치였다. 또 몇 년 전 법정에서 소송 당사자가 "대통령과 대법원장이 바뀌었으므로 그분들 말에 따라 똑바로 재판하라."라고 어처구니없는 말을 했는데, 다행히 변호사가 지긋이 제지해서 조용히 지나갔다.

2019년 한 TV 프로그램에서 법률 강연을 할 기회가 있었는데, 원고 작업을 함께하는 젊은 작가가 "판사님은 핵인싸라서 부러워요."라고 말했다. '핵인싸(아주 커다랗다는 뜻의 '핵'과 잘 어울려 지내는 사람을 의미하는 '인사이더'의 합성어)'의 정확한 뜻은 몰랐지만, 판사 대부분은 모르는 사람과 인간관계를 맺지 않고 조용히 산다고 대답했다.

1981년 4월 15일 전두환 군사정권 때 대법원장 이영섭(李英燮, 1919~2000)은 퇴임하면서, "모든 것이 회한과 오욕으로 얼룩졌다. 소신대로 못한 것이 많다. 당시 법원의 위상이 말이 아니었다. 각본대로 따라달라는 주문도 많았다."라고 말했다.[9] 지금까지 사연을 설명하진 않았으나, 군사정권이 자기들 입맛에 맞지 않는 판결을 했다면서 대법관들 법복을 강제로 벗긴 것도 이유의 하나였으리라. 이영섭은 판사로서 고독한 삶을 사셨는데, 여기서 이시윤 전 헌법재판관의 글을 소개한다.

이영섭 선생은 필자에게 사법관은 매우 외로운 직책이라는 점을 자주 강조하였다. 사사로운 정으로 누구를 보아줄 수 없기 때문에 도움이 될 것으로 기대하였던 친구, 일가친척들이 모두 떨어져나가 홀로 남게 된다는 말씀이었다. 그 때문인지 주변에 사람들이 와글거리는 것을 본 일이 없다. 거의 저녁 약속도 없이 근무시간이 끝나면 곧장 댁으로 퇴근하는 것이 거의 일상생활이셨다. 가정에서도 무료할 때면 시내버스 출발점에서 탑승하였다가 종착역까지 가서는 제자리로 돌아오면서 소일을 하신다는 말을 들은 바 있다. 지연, 혈연, 학연, 직연, 종연, 군연 등 여섯 가지 연을 중요시하며 친구, 일가친척을 보아주는 '마당발'이다 보면 법조계의 고질적 병폐인 '전관예우', '유전무죄, 무전유죄'의 병폐 시정을 기대할 수 없다는 것이 선생의 지론이셨다.[10]

　실제로 판사는 외부 사람과 사교 관계가 거의 없고, 검사나 변호사도 잘 만나지 않는다. '마당발' 판사나 '핵인싸' 판사는 존재하지 않고, 설령 있더라도 오래 재직하지 못한다. 요즈음 언론은 이른바 '사법농단' 재판에 많은 관심을 보인다. 법원행정을 맡은 판사가 특정한 의도와 목적을 갖고 재판하는 판사에게 지시했다는 것이 사건의 요체다. 직권남용의 유무죄 여부도 물론 중요하지만, 이와 더불어 재판부는 사법의 독립이 왜 중요하고 어떻게 지켜내야 하는지 판결로 말하고 모든 판사가 실천해야 할 때다.

판사에게는
두 개의 양심이 있다

우리나라 헌법에서 '양심'을 규정한 부분은 세 가지, 국민에게 보장하는 양심의 자유(제19조), 국회의원이 직무를 행할 때 요구되는 양심(제46조), 법관이 재판할 때 요구되는 양심(제103조)이 있다. 제46조는 국회의원으로 선출된 후에 법적으로 국민의 의사와 관계없이 독자적인 양식과 판단으로 정책을 결정하는 것을 보장하는 것이라고 (시민이 어떻게 생각할지 모르겠으나) 법학자는 풀이한다. 하지만 국민에게 양심의 자유를 어떻게 보장할지, 법관의 양심에 따른 재판은 무엇을 의미하는지는 법률가 사이에서도 생각이 다르다.

　몇 년 전부터 이른바 '사법농단' 사건 재판에서 판사들이 증인으로 나오면서, 어느 언론은 "판사와 두 개의 양심"이라는 제목의 연재물로 증언 내용을 상세하게 보도하고 비판했다. 양심에 따라 재판 업무를 수행하는 판사가 또 다른 이유로 양심을 갖추어야 하는 일이 생겼는데, '숨김과 보탬이 없이 사실 그대로' 말해야 할 증인으로서의 양심(형사소송법 제157조)이 필요해졌다는 것이다. 부끄러운 일이지만, 법대에서 증언대로 내려온 판사는 사실 그대로 증언해 시민으로서 양심을 지켜내야 할 것이다.

양심 앞에 선 판사들

1535년 7월 영국 런던의 웨스트민스터 홀 왕좌 법정에서 전 대법관 토머스 모어에 대한 반역죄 재판이 열렸다. 그를 대법관으로 임명했던 헨리 8세는 아들을 못 낳는 왕비 캐서린과의 이혼을 반대하는 로마 교황청에서 벗어나려고, 자기가 영국 국교회의 유일한 수장이고 영국 국교회는 더는 교황청의 지시를 받지 않는다는 '수장령'을 발표했다. 또 캐서린과의 결혼은 무효이고 앤 불린 사이에서 태어난 자식만이 왕위 계승권이 있다고 선언하며, 신하들에게 지지하는 맹세를 하라고 요구했다. 왕의 이혼을 반대하지는 않았지만, 가톨릭교회의 질서와 정신적 권위가 세속 권력의 위에 있다고 굳게 믿은 모어는 사직서를 제출하고 선서를 거부했다. 모어의 믿음을 법적으로 보면, 이성적이고 보편타당한 자연법에 어긋나는 실정법은 무효이고 권력에 복종해서는 안 된다는 것이리라. 결국 보편적 세계질서를 무너뜨리려는 폭군 앞에서 자신의 양심을 지킬 방법은 단두대로 올라가는 것밖에 없었다.[11]

1950년 6월 25일 북한이 남침해서 9월 28일 서울 탈환(수복)까지 석 달 동안 북한군 치하에서 부역 행위를 한 사람을 처벌하는 '비상사태하의 범죄처벌에 관한 특별조치령'이 시행되었다. 부역자는 종자를 말려야 한다는 험악한 사회 분위기 속에서 제정된 법령은 '사형, 무기 또는 10년 이상의 징역형'에 처하게 되어 있었다. 1만여 명이 재판에 넘겨졌는데, 위협에 어쩔 수 없이 100원을 내놓은 사람도 처단될 처지였다. 서울지방법원 유병진(柳秉震, 1914~1966) 판사는 고민했다. 가족이 부역자들에게 핍박받은 개인적 사정과 격정적 여론에 휩쓸리지 않고, '내가 만약 서울에 남아 북한군 치하에 있었다면 어떻게 행동했을까?'란 물음을 자신에게 던졌다. 유병진은 '그런 상황에서 총살 위협을 무릅쓰고 요구를 거역할 사람이 얼마나 있을까? 재판관의 양심에서나 이상의 것을 요구할 수 있을까?'라고 고민했다. 마침내 '일반시민에게 지사의 민족의식을 요구할 수는 없으며 따라서 부역의 정도가 문제 되는데, 그것은 민족의식에 대한 최소한도 희망선과 생에 대한 애착심 강도선의 접촉점에서 기준을 그어야 한다.'라고 결론 내리고 억울한 사람을 풀어주었다. 그해 말 정부도 '과거부터 좌익분자가 아닌 한 관대한 처분도 할 수 있다.'라는 지침을 내렸다.[12]

판사가 양심을 지키고 재판하려면 사생활에서도 '청빈(淸貧)'해야 한다. 청빈한 살림 속에서 결백하고 강직하게 살아야 법과 양심을 지킬 수 있다. 1950년대 서울지방법원 김홍섭(金洪燮, 1915~1965) 판사는 쌀 한 가마니를 살까 말까 한 소액의 월급으로 가족 열두 명을 먹여 살려야 했다. 후인이 쓴 책에서 그의 청빈을 살펴본다.

김홍섭은 사직동 자택에서 서소문동 법원에 이르는 길을 한결같이 걸어서 출퇴근했다. 군대 작업복을 물들인 것에 흰 고무신 차림, 책과 도시락이 든 보자기를 옆구리에 낀 그의 모습을 보고 누가 법관이라고 생각했을까. 그가 서울고법에 근무할 때는 줄곧 단무지 한 가지만을 반찬으로 넣은 도시락만을 가지고 출퇴근했다. 그래서 점심시간이면 다른 직원들이 모두 외식하러 나간 뒤 혼자서 먹곤 했다. 그가 만년에 병고로 시달릴 때 한 번은 병원에 가면서 관용차를 탄 일이 있었는데 같이 가던 부인도 차에 오르려다가 불호령을 들은 일이 있다. 관용차에 민간인이 탈 수 없다는 그의 외골수 청렴 때문이었다. 이처럼 가히 신화적이랄 수 있는 청빈 때문에 그는 그를 아는 많은 이들의 존경과 흠모를 받을 수 있었다.[13]

판사는 법조적 양심에 따른다. 하지만

모든 국민은 양심의 자유를 가진다(헌법 제19조). 사람은 누구나 다른 사람과 함께 살면서, 마음속 깊이 어떻게 하는 것이 옳고 그른지 판단의 기준이 있다. 누가 대신해서 무엇이 행복한 삶인지 결정할 수 없듯이, 양심도 자기 자신이 스스로 정하는 것이다. 나만의 양심은 다른 사람이 헤아릴 수 없으며, 많은 사람의 도덕적 가치관이나 윤리의식에 어긋나더라도 개인의 정체성으로서 양심은 존중되어야 한다. 국가권력은 시민에게 다수자의 뜻에 따라 만들어진 법질서를 지키라고 요구할 수는 있으나, 복종의 당위성에 대한 '내적 확신'을 강요할 수는 없다.

헨리 8세는 양심에 따른 판단과 결정을 외부에 드러내도록 강요했다는 점에서, 신앙심이 깊은 모어의 양심의 자유를 침해했다. 유병진과 김홍섭이 재판하면서 고민했던 부분은 학교에서 법학 공부를 통해 배우거나 깨친 것이 아니다. 어떻게 사는 것이 옳은 길이고 다른 사람에게 어디까지 요구할 것인지, 마음속 깊이 생각한 데서 나온 것이다. 《내가 정말 알아야 할 모든 것은 유치원에서 배웠다》라는 책 제목처럼, 양심을 기르는 데 높은 교육이나 특별한 훈련은 필요하지 않다. 오히려 그런 생각은 평범한 사람들의 민주주의를 지향하는 헌법 정신과 어울리지 않는다.

법관은 헌법과 법률에 의하여 그 양심에 따라 독립하여 심판한다(헌법 제103조). 재판과 관련된 법관의 양심이란 무엇인가? 다양하고 복잡한 인간사를 법만으로 규율할 수 없고 도덕적 가치판단이 불가피하므로, 옳고 그름을 가늠하는 양심에 따라 판결할 권한을 준 것이다. 법관의 양심은 개인적이고 주관적인 양심(헌법 제19조)이 아니라, 공정성과 합리성에 근거해서 법을 해석해야 하는 직무수행상 양심이다(객관적 양심설). 어떤 법관이 종교적

교리에 따라 사형과 이혼이 도덕적으로 옳지 않다는 신념을 갖고 있더라도 그 이유만으로 해당 법조문의 적용을 배제하는 것은 옳지 않고, 헌법과 법률에 따른 법조적 양심에 따라 판결해야 한다. 법관의 양심은 어떻게 나타나는지, 김우창 교수가《법과 양심》에서 내린 결론을 인용한다.

순수한 법률적 판단이 가능한 사안에도 개인적 주관에 의존하는 판단이 개입되지 않을 수 없는 것은 객관적이려고 하면서도 주관적일 수밖에 없는 인간 인식능력의 성격에 기인합니다. 거기에서 가장 기초적 층위가 되는 양심은 인간의 심성 안에 있는 시비지심(是非之心)이면서, 동시에 보편적 이성으로 검증될 수 있는 인간 심성의 요소입니다. 그런데 법률 체제 안에 있으면서 이루어지는 법률적 판단은 법체제 전체의 일관성에 의하여 제한된다는 것에 주의할 필요가 있습니다. 법관은 개인이면서 동시에 법체계가 발언하는 것이기 때문입니다.[14]

직무수행상 양심이지만, 법관이 다른 판사들의 생각을 추측하고 의식해서 똑같은 결론을 내려야 한다는 말은 아니다. 옳고 그름에 대해 그렇게 판단하지 않고서는 판관으로서 인격적 존재 가치가 허물어지는지는 사람에 따라 달라질 수 있기 때문이다. 더 중요한 점은 판사도 시민의 한 사람으로서 현존 법질서와 무관하거나 심지어 어긋나는 생각이나 의견, 사상과 확신을 가질 수 있고, 그것은 직무수행상 양심과 함께 내면에 공존할 수 있다는 것이다. 이를 알지 못하거나 부인하는 자세는 한편으로 법만 아는 미성숙한 인간임을 자인하는 것이고, 다른 한편으로 개인의 양심을 법관의 양심으로 포장할 기회를 주는 것이다.

조선의 선비들도 낮에는 공자와 맹자의 주자학적 질서를 숭상했지만, 밤에는 초월과 해탈을 꿈꾸며 노자와 장자, 불교에 빠져들었다. 조선의 대유학자 율곡 이이(李珥, 1536~1584)는 어렸을 때 어머니 신사임당이 별세하자, 삭발하고 절에 들어갔다. 얼마 후 환속해서 유학을 공부하고 관직으로 나갔지만, 삶과 죽음에 대한 불가의 가르침을 떨치지는 못했으리라.

근대 사법제도가 도입되고 판사라는 직업이 출현한 지 100여 년이 지났다. 그동안 법복을 입고 재판한 사람도 1만 명은 될 것이다. 그들은 각자 양심을 지키며 재판했을까? 외부적 여건만 보더라도, 대통령을 비롯한 정치권력의 집중과 사법권의 경시, 급격한 경제발전에 따른 금전만능주의와 사회계층의 분열, 사회변동에 따른 가치관의 혼란과 연대 의식의 약화 등으로 양심에 따른 재판이 어려웠을 것이다.

하지만 어느 나라 어떤 시대이든 여건은 만만치 않았다. 우리나라에서도 1950년대에 판관 노릇 하기가 지금보다 더 어렵지 않았을까. 그런 점에서 한국 사법의 주춧돌을 놓은 김병로 대법원장, 검찰의 양심을 지켜낸 최대교(崔大敎, 1901~1992) 검사, 고

뇌하는 사도법관 김홍섭의 삶과 흔적은 후배 법조인에게 많은 것을 생각하게 한다. 전주지방법원 청사 1층에는 '법조 삼성(法曹三聖)'의 흉상이 세워져 있다. 그리고 2015년 법조 삼성에 대한 평전이 《한국 사법을 지킨 양심》으로 출간되었다.

◇◇◇◇ 열정도,
◇◇◇◇ 무관심도 아닌

1988년 10월 16일 호송 도중 탈출한 미결수들이 서울의 한 가정 집에 난입해 인질극을 벌였다. 텔레비전으로 생중계된 인질극은 범인들이 자살하거나 사살되며 열 시간 만에 끝났지만, 지강헌이 팝송 〈홀리데이〉를 들으며 외쳤던 말은 사람들 마음속 깊이 자리 잡았다.

"돈 없고 권력 없이는 못 사는 게 이 사회다. 유전무죄 무전유죄, 우리 법이 이렇다."

76억 원을 횡령한 전 대통령 동생은 징역 7년을 받았는데, 몇백만 원을 훔친 자신은 징역 7년에 보호감호 10년의 무거운 형을 받아 나온 말이다. 2000년 대법관을 지낸 이용훈 변호사를 찾아온 당사자들은 하나같이 "판사가 상대방에게 넘어갔다."라고 말했다. 재판에서 패소한 뒤 변호사들이 "전관예우 때문에 졌다. 판사가 상대방 변호사와 친하다."라고 말한 탓이었다. 어느 변호사는 2019년 전관예우를 하는 판사들에게서 억울하게 패소를 당했다며 책까지 출판했다. 대한민국 법조계에는 수십 년 전부터 두 개의 유령이 떠돌고 있다. 유전무죄 무전유죄, 그리고 전관예우.

사법부에 대한 국민의 신뢰도는 다른 정부 기관이나 외국 법원과 비교할 때 상당히 낮다. 판사들은 조사 방법이나 문항에 문제가 있다면서 그대로 받아들이지 않는데, 전관들은 어떻게 생각할까? 현직에게 혹시 밉게 보일까 봐 속내를 잘 털어놓지 않지만, 판사마다 사법 철학이 다르고 재판 진행 방법과 결론이 들쑥날쑥하다는 평가가 많다. 어느 변호사는 심지어 법정마다 생각과 믿음이 다른 신(神)이 3,000명 있고, 자신들은 신들의 뜻과 기호에 맞추어 신자의 애환을 호소하는 목회자라고 말했다. 변호사가 되어서야 법원이라는 곳을 제대로 이해할 수 있었다는 정인진 변호사는 《이상한 재판의 나라에서》라는 책에서 이렇게 썼다.

마구잡이식이거나 편향된 심리와 판결은 (판사) 개인의 일탈이거나 자질 부족이 문제다. 자신들을 불멸의 신성가족으로 보고, 판결에 대한 비판이 사법권 독립의 침해가 될까 저어하고, 판결은 그 자체로 존중받아야 한다는 도그마에 빠져 있는 법조인들의 인식과 그런 도그마에 자발적으로 순응하는 사회적 인식부터 바로잡아야 한다. 아니면 이 오만한 법조 카르텔이 영속할 것이다.[15]

판사의 내면세계

시민은 판사를 어떻게 생각할까? 약간 차갑지만 공정하고, 융통성은 없지만 성실하고, 논리적이며 출세 따위에 연연해하지 않는 사람을 떠올리는 사람이 많을 듯하다. 하지만 일본에서 33년간 판사로 일하다가 교수로 전직한 세기 히로시(瀨木比呂志, 1950~)는 전혀 그렇지 않다고《절망의 재판소》에서 주장한다.

그는 판사를 '정신적 수용소 군도의 수감자'라고 부르면서, 판사의 내면세계를 ① 그들만의 세계, 내면성의 결여, 내면의 나약함, ② 이기주의, 자기중심성, 타인의 부재, 공감과 상상력의 결여, ③ 자만심, 허영, ④ 질투, ⑤ 인격적 미숙함, 유아성, ⑥ 명분론, 겉과 속의 얼굴을 구분해서 사용, ⑦ 자기규제, 억압, ⑧ 지적태만, ⑨ 가정에서 경직된 가치 인식으로 규정한다. 나아가 최고재판소 판사를 ① 인간미가 풍부하고 단점까지도 포함한 개성에 넘치는 인물(5%), ② 관료 재판관 이반 일리치 타입(45%), ③ 속물, 순진한 출세주의자(40%), ④ 괴물(10%)로 분류하면서, 좋은 판사가 최고재판소에 들어가기 힘들다고 말한다.[16]

그가 인문학적 취향이고 오래 봉직한 법원에 불만을 품고 사직해서 애증이 교차했을 것이라는 점을 감안하더라도, 판사는 다시 한번 스스로를 되돌아보아야 한다고 생각한다. 아쉽지만 우리나라 판사들 속마음을 분석한 사례는 보지 못했다.

러시아의 대문호 레프 톨스토이(Lev Nicolayevich Tolstoy, 1828~1910)

는《이반 일리치의 죽음》에서 교양 있는 상류층으로 성공한 판사가 마흔다섯에 갑자기 신장에 병을 얻어 죽으면서 인생을 되돌아보고 삶의 의미를 고통스럽게 묻는 내면을 섬세하게 묘사한다. 그는 마지막 사흘 밤낮의 고통 속에서 '그래, 모든 것이 잘못되었다'고 깨닫고 비로소 죽음의 고통에서 벗어난다. 느끼고 슬퍼하는 능력이 부족했던 이반 일리치 판사의 관료주의는 '사태를 직시하지 않고 사물의 본질을 비껴 지나가는' 삶의 방식에 있었다. 그는 사건의 본질과 이와 관련된 사람들의 생각이나 감정은 보지 않고, 일반적이고 냉정한 규범을 형식적·기계적으로 적용하는 것으로 직무를 다했다고 생각했다.

그가 할 일은 서식 문서에 몇 마디를 적어 넣는 것뿐이었다. 심문에서도 그러했지만, 일을 처리할 때 법적 측면과 관련이 없는 일체의 고려를 줄이고, 아무리 복잡한 사연이 있는 사건이라도 사연을 간단히 하여, 모든 것을 외적인 사실로 단축하고 그의 개인 의견을 배제하여, 형식에 맞게 하는 것이 그의 일 처리 방법이었다.[17]

미국 연방 대법원은 막중한 권한으로 시민의 권리를 보장해서 많은 지지를 받는다. 2019년 9월 미국의 두 번째 여성 대법관 루스 베이더 긴즈버그(Ruth Bader Ginsburg, 1933~2020)가 87세로 별세했다. 대중문화의 아이콘이 된 긴즈버그의 팬들은 그의 단호한

얼굴이 담긴 티셔츠와 머그 컵을 사용하고 팬카페를 운영한다. 무엇 때문일까? 그는 '법을 통해 차별 없는 세상을 만든다'는 원칙으로 여성뿐만 아니라 남성의 역차별 등 모든 종류의 차별에 맞선 전사였다. 변호사 시절에는 어머니 돌봄 과정에서 지출한 보육비에 대해 여성이 아니라는 이유로 세금 공제를 거부당한 미혼 남성을 구제하라는 소송을 맡아서 승소 판결을 받아냈다. 대법관 시절에는 1996년 버지니아 군사학교의 여성 입학을 허락했고, 2015년 50개 주의 동성결혼 합법화라는 역사적 판결에서 중요한 역할을 했다. 청년들에게 '노터리어스(악명 높은) RBG'라는 애칭으로 불리는 이유는 그가 추구해온 평등과 공정의 가치가 트럼프 시대와 대비되면서 빛을 냈기 때문이다. 긴즈버그는 암 투병을 하면서도 대통령이 교체되기만을 기다렸고 생의 마지막에도 "새 대통령이 내 후임을 뽑아달라."라는 유언을 남겼지만, 그 희망은 이루어지지 않았다.

우리나라에서 대법관이나 헌법재판관으로 일한 분들은 법복을 벗으면 대체로 조용히 지낸다. 하지만 1호 대법관 출신 유튜버 차산 박일환은 남다른 길을 걷고 있다. 40년 경험과 지혜를 유튜브로 찍어보면 어떻겠냐고 가족이 제안하자, 일상생활에서 흔히 있는 법률문제를 쉽게 설명하는 동영상을 핸드폰으로 찍어 올렸다. 어느 날 농담으로 한 퇴사 발언 때문에 퇴사한 사건을 설명했는데, 이 영상이 갑자기 퍼지면서 세상에 알려졌다. 2021년 10월 현재 구독자가 13.6만 명에 이르고, 유튜브 본사에서 주는 실버 버튼도 받았다고 한다. 그는 언론사와의 인터뷰에서 이렇게 밝혔다.

수익을 올리지 않기 때문에 영상을 보다 세련되고 보기 좋게 만들지 못해 미안할 때가 있습니다. 많은 분이 봐주는 것만으로도 큰 기쁨을 느낍니다. 80퍼센트 이상이 젊은 층이어서 도움이 된다는 댓글을 달아줄 때 기분이 좋습니다. 제 능력 범위 내에서 꾸준히 하고 싶습니다.[18]

차산 선생의 용기와 열정을 조금이라도 본받고 싶다.

판사는 회의를 거듭할 수밖에 없다

이따금 알고 지내는 비법조인들에게 아직도 '유전무죄 무전유죄, 전관예우'가 있느냐는 질문을 받는다. 어색하게 웃어넘기거나 말을 얼버무렸는데, 이제는 답변을 피할 수 없겠다. 개인의 욕망을 긍정하고 돈을 최우선하는 시대에는 가난한 사람이 경제범죄를 더 많이 저지를 것이다. 재벌을 비롯한 부자와 사무직에 종사하는 노동자는 범죄를 저질러도 수법이 복잡하고 수사하는 데 어려움이 많아 적발되는 비율이 낮을 것이다. 지강헌 사례에서 보듯 가난한 사람은 형편이 나아지기 어려워 상습적으로 다시 죄를 저지르는데, 형법은 가중처벌하도록 규정한다. 부자와 사무직 노동자가 선임한 변호사는 법리나 증거를 치밀하게 파고들어

무죄를 받아내거나 피해자와 합의해서 양형 감경 사유를 제시한다. 법률가는 가난한 피고인의 구체적인 사연을 살피기보다 객관적인 사정만으로 범죄를 논하려는 경향이 있다. 결국 법적으로 일탈행위를 어떻게 규정하고 얼마나 처벌하느냐는 것은 사회의 뒷면으로서, 앞면 상황과 크게 다르지 않다.

법원에 전관예우가 관행적·전반적으로 있는 것은 결코 아니지만, 시민이 그렇다고 믿는 데는 이유가 있다고 생각한다. 사람들은 송사가 터지면 담당 판검사와 인연이 닿는 변호사를 우선순위로 삼는다. 전관 변호사는 전관예우가 불리하지 않아 부정하지 않고 은근히 이용하려 하고, 비전관 변호사는 패배의 책임을 억지로라도 떠넘기려 한다. 전관을 선임했다고 해서 이길 사건이 지고 질 사건이 이기지는 않지만, 재판받는 사람이 절차적으로 전관이 배려받는다고 느끼는 경우는 있을 것이다. 사직 판검사의 변호사 개업을 막을 수 없는 상황에서 전관예우라는 유령은 사라지지 않는다.

모르는 사람에 대한 믿음이 부족하고 국가에 대한 불신이 팽배한 현실에서, 소송에서 진 사람은 물론 이긴 사람도 재판에 불만이 있는 것을 막을 수 없다. 시민의 신뢰 없이는 법원이 설 수 없다고 아무리 말해도, 사뮈엘 베케트의 연극 〈고도를 기다리며〉 속 고도처럼 신뢰는 결코 오지 않는다. 판사는 법정에서 엄중한 권한이 있음을 인정하고, 부족한 내가 어떻게 하면 재판을 잘할

수 있는지 성찰하면서, 마음속 깊이 끊임없는 회의를 거듭할 수
밖에 없다. 시민에게는 열정적인 환호나 차가운 무관심이 아니
라, 법원이 하는 일에 대해 같은 정도의 관심과 비판을 기대해야
한다. 적어도 지금은 '무플'보다 '악플'이 좋다.

판단을 업으로
삼은 사람들

2021년 현재 판사는 2,900여 명으로 국민 1만 명당 한 명도 되지 않는다. 판사들은 평소 모르는 사람과 거의 만나지 않는다. 시민은 언론이 전하는 기사나 법정에서 본 이미지를 피상적으로 떠올린다. 형사사건 드라마에서 주인공은 피고인이나 변호인 또는 검사이고, 판사는 배경 인물이다. 베일에 가린 판사의 일상과 삶을 들여다보자.

판사가 그린 자화상

사람들은 법정에서의 재판이 판사 업무의 거의 전부라고 생각한다. 그렇지 않다. 판사는 매일 판사실에서 사건 기록을 검토하고 판례나 법리를 연구하며 판결문을 쓰느라 여념이 없다. 일주일에 한두 번 법정에 가는데, 그전에 당사자가 제출한 문서와 증거를 꼼꼼히 살펴서 물어보거나 확인할 사항을 체크한다. 어려운 사건이 있으면 판례 경향은 어떤지, 학계의 논문은 있는지 찾아본다. 심리를 마치면 다시 기록을 완독하고 판결문을 작성한다. 판사마다 차이가 있겠지만, 업무 시간은 대체로 기록 검토, 판결문 작성, 재판 진행 순이다. 내부 조사에서, 판사들은 직무의 주된 어려움으로 '업무의 고된 강도'를 뽑았다. 전체 판사의 48퍼센트가 주 52시간 이상 일했고, 60퍼센트는 주말 근무, 50퍼센트는 주 3회 이상 야근했다고 답했다. 직무수행이 건강에 나쁜 영향을 주었다는 판사는 65퍼센트였고, '번아웃증후군'을 경험한 판사도 52퍼센트나 되었다.

사람들은, 판사는 머리가 아주 좋다고 생각한다. 그렇지 않다. 천재형 인간이 간혹 있지만, 대부분 약간 머리가 좋고 성실하며 책임감이 강한 모범생이다. 엉덩이가 무겁고 책상에 앉아서 글자를 보는 것을 취미이자 특기로 삼은 사람이 법원에 오면 성공할 가능성이 크다. 필자는 고시 공부할 때 과목당 몇 권을 읽고 또 읽었다. 판사로서 30여 년간 몇백 쪽에서 몇천 쪽에 달하는 사건 기록을 셀 수 없이 읽었으며, 판결문을 매주 열 개 정도 써댔다. 창의적인 사람은 이런 일을 오래하는 게 불가능하다.

김희균 교수는 "법학을 공부해서 성공한 사람들의 끈기는 인정해주어야 한다. 이 어려운 법을 평생 업으로 삼고 있다니. 의사가 되려면 11톤 분량의 책을 읽어야 한다는데, 나는 차라리 그게 더 쉽지 않을까 생각한다."라고 시니컬하게 말했는데,[19] 이 말은 특히 판사에게 딱 들어맞는다.

사람들은, 판사는 '좋은 수저'를 입에 물고 태어났다고 생각한다. 그렇지 않다. 속속들이 말하지 않아서 정확하지 않지만, 금수저 출신은 '가뭄에 콩 나듯' 드물다. 판사라는 직업은 외롭고 고달프기 때문에 금수저 출신 법조인은 검사나 변호사를 많이 선택한다. 부자(父子)가 의사이거나 변호사인 비율이 부자가 판사인 비율보다 훨씬 높을 것이다. 반대로 몹시 어려운 집안의 아들딸이 판사가 되는 것도 쉽지 않다. 고액 과외가 극성을 부리지 않았고 시험만으로 입학했던 옛날에는 지방 명문고 출신의 '개천표' 판사가 있었지만, 지금은 거의 사라졌다. 판사 상당수는 자식 공부를 중요하게 여기는 중산층 집안 출신이다. 최근 외고 출신의 판사가 많아지면서 특권층화 되었다는 여론이 있는데, 개인적으로는 걱정할 정도의 귀족화는 아니라고 본다.

사람들은, 판사는 매사에 딱딱하고 권위적이라고 생각한다. 그렇지 않다. 물론 법정에서 그렇게 보이는 판사도 많고, 필자도 예외는 아니다. 하지만 보통 판사들은 일상생활에서 대체로 소탈하고 소박한 편이다. 평소 알고 지내는 기자들도 그렇다고 말한다. 가족이나 동료에게 딱딱하고 권위적으로 대하는 판사는 거의 없을 것이다. 법정에서는 왜 그런가? 법정은 금전이나 죄와 벌에 관해 양쪽이 말로 치열하게 다투는 전쟁터다. 주장하고 반박하고 하소연하고 억지를 부리면서 사람들은 흥분하고 법정의 긴장도는 높아간다. 공방을 벌이는 말을 차분히 듣고 매끄럽게 정리해야 하는 판사의 언행은 조심스럽고 표정은 근엄해질 수밖에 없다. 속으로는 여러 생각이 떠오르고 감정이 파도치는데, 오늘도 법정에서 판사는 꾹 참고 있을 뿐이다.

사람들은, 판사는 검사와 변호사를 자주 만난다고 생각한다. 그렇지 않다. 법정을 떠나면 거의 보지 않는다. 최근 10년간 현직 검사를 사적으로 만난 것은 시민을 상대로 검찰을 알리는 책을 쓴 모 검사와 밥 먹은 게 유일하다. 변호사도 연구회 등 단체 모임에서 이따금 인사를 나누었을 뿐이고, 사건이 있을 때는 전혀 만나지 않는다. 세상을 떠들썩하게 했던 1997년 '의정부 법조 비리 사건'과 1999년 '대전 법조 비리 사건' 이후 판사는 변호사를 개인적으로 거의 만나지 않는다. 쓸데없는 의심을 받지 않기 위해서다. 동료 판사가 법복을 벗으면 안부 전화를 하는 것도 조심스럽다. 드라마를 보면 판사가 사무실에서 검사나 변호사와 전화하거나 함께 식사하며 유무죄나 형량에 대해 이야기하는데, 그런 일은 현실에서 결코 없다.

생각이 너무 많은 햄릿

판사는 '나홀로형' 사람이다. 초임 시절 10여 년이 지나면 대부분 혼자 사무실을 쓴다. 세 판사가 재판부를 구성할 때도 합의할 때만 재판장실에 모인다. 다른 판사 사무실에 가는 일도 드물다. 검사나 변호사는 중대한 사건이 터지면 팀으로 일하는데, 판사는 미리 정한 규칙에 따라 혼자(단독판사) 또는 세 명(합의부)이 재판한다. 이러다 보니 판사는 다른 사람과 함께 있으며 어울릴 때, 분위기를 못 맞추거나 어색함을 느낄 때가 많다. 법원을 어떻게 설치할지 정하는 법률이 '법원조직법'인데, 판사들이 얼마나 모이기 싫어하면 강제로 조직하라고 했겠느냐는 우스개가 있을 정도다. 판사는 사람들의 세속잡사를 다루지만, 정작 본인은 온실 속에서 화초처럼 살아간다. 처음에는 힘들었지만 지금은 수도승처럼 판사실에서 혼자 있는 게 편하다.

판사는 '햄릿형' 사람이다. 러시아 소설가 이반 투르게네프 (Ivan Sergeyevich Turgenev, 1818~1883)는 사람을 생각이 너무 많아 행동력이 부족한 '햄릿형'과 용감하며 앞뒤 재지 않고 행동하는 '돈키호테형'으로 나누었다. 변호사는 사건마다 법률이 규정한 많은 공격과 방어 방법으로 찔러보는데, 판사는 하나라도 틀릴까 봐 돌다리를 두드리고 또 두드려본다. 법정에서 겉으로는 태연해 보이지만, 속으로는 생각하고 또 생각해본다. 결론을 낼 때도 혹시 내 저울추가 기울지 않았는지 재고 또 재본다. 검사는 자기가 옳다고 생각하는 사회정의를 구현하려고 세상만사를 그쪽으로 보면서 돌진하는 돈키호테다. 변호사는 의뢰인의 이익을 위해서라면 언제라도 생각과 주장을 바꿀 수 있고 바뀌어야 하는 '카멜

레온'이다. 그 사이에서 판사는 고민을 거듭하다가 마침내 칼을 꺼내 매몰차게 자른다(판결의 '판[判]'은 칼로 자른다는 뜻이다).

판사는 '고슴도치형' 사람이다. 영국 정치철학자 이사야 벌린(Isaiah Berlin, 1909~1997)은 사람을 모든 것을 단일하고도 중심적인 비전과 결부시키는 '고슴도치형'과 상호 관련성이 없으며 심지어 모순되는 목표를 추구하는 '여우형'으로 나누었다. 판사는 정해진 틀로 사물을 인식하고, 법률과 판례가 제시한 법리에 따라 진실과 형평과 정의를 추구한다. 판결로 개인의 가치관을 제시하거나 정치적 편향을 드러내는 것은 금물이다. 전문적으로 훈련받고 오랫동안 재판만 하다 보면 판사는 법에 집중하고 몰입할 수밖에 없다. 16~17세기에 잉글랜드와 프랑스에서 판사를 역임했던 《유토피아》의 저자 토머스 모어, 《수상록》의 저자 몽테뉴(Michel Eyquem de Montaigne, 1533~1592), 《신기관》과 《학문의 진보》의 저자 프랜시스 베이컨(Francis Bacon, 1561~1626)은 후세 사람에게 작가이자 사상가로만 기억된다. 현대에는 판사가 재판만 하면서, 식견을 넓히고 지혜를 기르는 것은 판사 개인의 숙제로 남았다.

판사는 세상 물정에 어둡지만 세상만사를 판단한다. 재판을 하다 보면 너무 착해빠진 사람도 만나고 철면피 사기꾼과 냉혈한 살인마도 만난다. 판사에게 익숙한 매매나 임대차계약도 분쟁에 이른 경위나 내용이 조금씩 다 다르다. 사안의 실체와 핵심을 정확히 알려면 세상 물정에 밝아야 하는데, 책상물림 판사는 대체로 세상이 돌아가는 실정이나 형편에 어둡다. 학자들은 '격물치지(格物致知)'와 '사물의 본성'을 논하지만, 그 말을 수백 번 곱씹어도 세상 물정은 손에 잡히지 않는다. 쓰라린 세상의 리얼리티는 장터나 사무실에서, 거리나 지하철에서 만날 수 있기 때문이다. 평범하면서도 다양한 세상만사를 가늠하는 판사는 선입견 없이 입장을 바꾸어 요모조모 생각하면서 분쟁의 한가운데로 나아가는 길밖에 없다.

판사는 수십 년 일해도 하는 일은 처음과 같다. 공무원이나 회사원의 경우 1년 차 초급자와 30년 차 책임자는 일의 성질과 책임에 큰 차이가 있다. 검사도 부장검사급으로 승진하면 실제로 수사하지 않고 하위 검사의 수사를 심사하고 결정하는 게 업무의 대부분이다. 하지만 법원은 1년 차 초임 판사든 30년 차 대법관이든 하는 일이 똑같다. 모든 판사는 법정에서 듣거나 말하고, 판사실에서 사건 기록을 보고 판결문을 쓴다. 이 모든 일을 남에게 맡기거나 대신할 수 없고, 법원장이나 대법원장이라고 해서 판사에게 지시할 수 없다. 사법행정적으로 도와주거나 책임을 지며, 하급법원의 판결에 대해 당부를 심사할 뿐이다. 판사에게는 상사도 없고 부하도 없다. 부장판사 등등 직급은 껍데기이고, 판사라는 이름 그 자체가 모든 것을 말한다.

시인의 마음으로 공감하는 판사가
좋은 재판을 한다

박형남 판사×김현섭 교수

'법정에서 못다 한 이야기'를 글로 풀어놓은 뒤에도 남은 이야기가 있다.

박형남 판사에게 재판 실무를 배웠던 젊은 판사는

철학으로 발걸음을 돌렸고, 두 사람은 수년이 지나 한자리에 모였다.

박형남 판사와 서울대학교 철학과 김현섭 교수(윤리학, 법철학)가

판사의 실생활, 판결문에 얽힌 감정의 문제,

우리 사법이 주의를 기울여야 할 점과

법원의 미래까지 폭넓게 이야기를 나누었다.

<u>김현섭</u> 2001년 사법연수원에서 판사님께 '민사재판실무'를 배운 지 20년 만에 이렇게 뵙고 쓰신 책에 대한 이야기를 하니 감개무량합니다. 〈판사는 판결로 말한다〉에서 말씀하신 것처럼, 재판 실무를 하다 보니 판결문에는 주문의 결론에 이르기 위해 필요한 요건사실은 빠지지 않게 기재하되, 불필요한 오해를 살 수 있는 다른 것은 적지 않는 습관을 익혔습니다. 저도 그 영향인지 철학과 관련된 글을 써도 불친절하게 간결하다는 말을 여러 차례 들어, 읽기 쉽게 풀어쓰려 노력하고 있습니다. 오랫동안 재판 업무를 하시며 판결문이 아닌 형식의 글쓰기가 어려워졌다고 책에서 말씀하셨는데요. 판사님의 유려한 글을 읽으니 그 말씀은 사실과 다른 것 같습니다. "판사는 판결로 말한다."라는 법언에도 불구하고 판사님께서는 《법정에서 못다 한 이야기》를 쓰셨는데

요. 계기가 무엇이었나요?

박형남 연수원에서 '민사재판실무'를 배운 제자가 철학을 전공하고 학계에서 활발하게 활약하는 것을 보니 마음이 뿌듯하고 좋습니다. 법학과 재판 업무는 너무 실용적이어서 창의적인 사람은 오래할 수 없다고 적었는데, 교수님을 염두에 두고 한 말이었습니다. 철학에 관한 글이 아닌데 방학 중에 소중한 시간을 내주어서 고맙습니다. 제가 글을 쓴 이유는 한마디로 법정을 벗어나 마음을 열고 시민과 소통하고 공감하고 싶었습니다. 시민의 입장에서 보면, 학창 시절에는 재판과 사법을 제대로 공부할 기회가 없었습니다. 언론은 정치적 사건을 편향적으로 보도하고 성폭력이나 살인사건 위주의 자극적인 보도를 이어갑니다. 평생 한두 번 송사를 만나면, 수사기관과 변호사는 불친절하고 재판과 판결문은 이해하기 어렵습니다. 법을 알고 싶어 펼쳐본 법서는 어려운 말투성이고, 시민을 대상으로 쓴 법률 상식 책은 너무 세부적이고 기술적인 것만 다루죠.

그렇다면 어떤 지점에서 판사의 사고방식이 시민의 상식이나 생각과 다른지 그리고 그 이유는 무엇인지 법적으로 설명하면서도 이야기로 쉽게 풀어내는 게 중요합니다. 물론 구체적인 사건을 해결하는 데는 소용이 없겠지만, 시민이 재판을 이해하고 판사가 재판을 잘하는 데는 도움이 되겠지요. 이런 글이 하나도 없어서 나이 많은 제가 용기를 냈습니다. 지방법원장으로 일할 때 시민을 대상으로 〈사법과 재판에 대한 열 가지 오해와 이해〉라는 제목으로 강연했는데, 이 책은 항목을 더 늘이고 체계적으로 서술한 것입니다.

판사라는 직업을 돌아보다

<u>김현섭</u> 저도 '학자는 논문으로 말한다'는 생각으로 지내왔는데, 말씀을 들으니 오늘 인터뷰에서는 시민들과 소통을 위해 용기를 내야겠습니다. 소통을 위해, 〈판단을 업으로 삼은 사람들〉이나 〈열정도, 무관심도 아닌〉을 포함한 여러 에세이에서 판사의 일상 생활, 고민, 성품을 진솔하게 밝히고 외부의 비판적인 관점까지 음미하며 자성하는 것은 이 책의 큰 덕목으로 보입니다.

<u>박형남</u> 제가 묘사한 판사의 모습이 시민의 상상이나 기대감과 많이 달랐을 수도 있고, 때로는 비판적으로 보였을 수도 있겠습니다. 먼저 일이 엄청나게 많다는 것은 시민들에게 꼭 알리고 싶었습니다. 과로로 병에 걸리기 일쑤고, 심지어 사망하는 일도 많지요. 제 장인어른도 현직 판사 시절에 과로로 돌아가셨습니다. 다음으로 재판의 진행 방법과 결론이 들쑥날쑥하다는 것은 절반은 패소할 수밖에 없는 변호사의 평가를 소개한 것이지, 제가 전부 인정한다는 뜻은 아닙니다. 재판의 큰 틀은 법령에 정해져 있

지만, 수많은 사건에서 판사의 진행 방법이 똑같을 수는 없고요. 결론의 차이는 최종적으로 대법원에서 통일됩니다. 판사가 법만 알고 세상 물정에 어두운 부분은 안타깝지만 수긍할 수밖에 없네요. 어느 직업이나 일을 제대로 해내려면 1만 시간이 걸린다는 말이 있는데, 판사가 그 많은 법률을 공부하고 판결문을 쓰려면 최소한 10여 년은 걸립니다. 사람을 만나지 않다 보니까 당연히 세상 물정에 어두울 수밖에 없고요.

<u>김현섭</u> 판사님은 일본에서 판사로 재직한 교수가 했던, 판사들의 내면세계가 미숙하고 나약하다는 말도 인용하셨습니다.

<u>박형남</u> 세기 히로시 교수의 《절망의 재판소》 말씀이시지요. 저도 세기 교수의 분석에 전적으로 동의하는 것은 아닙니다. 교수 본인이 말했듯이 인문학적 취향이 많은 학자풍이고, 30여 년 재판만 하다 크게 실망한 상태에서 법원을 떠났다는 점을 고려해야 합니다. 사랑이 식으면 미움이 되는 것일까요. 저도 그렇지만 세기 히로시도 평생 판사라서 판사의 세계만 알고 있는 것은 아닐까요. 판사의 내면세계라고 지적한 것은 사람들, 특히 일본인의 일반적 속성이 아닐까 싶습니다. 우리나라 판사들에게 그런 면이 없다고 단정할 수는 없지만, 우리가 일본보다 내적으로 더 자유롭고 여유 있다고 봅니다. 제가 그 글을 인용한 이유는 다른 사람

을 심판하는 판사는 그 누구보다 인격적으로 성숙하고 풍부해야 한다는 점을 강조하기 위해서입니다. 성찰하지 않은 삶은 살 가치가 없는 것이고, 판사는 일의 숭고함을 의식하면서도 끊임없는 회의를 거듭해야 한다는 말을 덧붙이고 싶습니다.

<u>김현섭</u> 그렇다면 판사가 인격을 수양하고 사회현상에 대한 시야를 넓히기 위해서는 어떻게 해야 할까요?

<u>박형남</u> 조선시대 선비들은 자신을 성찰하고 인격을 수양하는 '위기지학(爲己之學)'과 입신양명하고 세상을 다스리는 '위인지학(爲人之學)'으로 학문을 나누었습니다. 도덕적으로 올바른 사람이 되어야 비로소 세상일도 잘할 수 있다는 것이지요. 법학을 비롯한 현대 학문은 위인지학이지요. 하지만 판사가 위선적인 모습을 보이거나 이중인격자라면 재판을 믿지 않을 겁니다. 판사의 조그만 잘못도 언론이 크게 다루는 것은 바로 그 때문입니다. 현대에서 위기지학은 인문학입니다. 인문학은 사람이 살아가면서 경험하고 느끼고 생각하고 추구하는 것을 연구하는 학문입니다. 사람은 모두 개별적인 존재로서 차이가 있고, 다른 한편으로는 인류로서 공통되는 측면이 있습니다. 인문학을 공부하면 판사는 개인적으로 성찰하며 충실한 삶을 살 수 있고, 재판할 때 따뜻한 가슴과 섬세한 눈으로 당사자를 보고 사건의 본질에 다가갈 수

있다고 생각합니다. 판사가 재판을 잘하려면 규범을 다루는 법학 뿐만 아니라 사회 현실을 체계적으로 이해하는 사회과학도 공부 해야 합니다. 사회에 대한 깊은 이해가 있으면 논증도 풍부해지 고 결론도 좋아지겠지요.

감정은 판결문에서 어떻게 드러나야 하는가

김현섭 판사의 공감능력을 강조하실 때 〈법에도 눈물이 있다〉에 서 소개하신 '의사 사위 지참금 청구소송'이 흥미로웠습니다. 저 에게는 로널드 드워킨이 《법의 제국》에서 법이 기존의 명시적 법 규에 한정되는 것이 아님을 논증하기 위해 든 '릭스 대 팔머 사 건'이 떠올랐습니다. 그 사건에서는 '자신의 그릇된 행위로 이익 을 보아서는 안 된다'는 원리를 동원해, 형식적 요건을 갖춘 유언 장에 상속인으로 기재되어 있더라도 조부를 살해한 손자가 상속 받지 못하도록 판결했습니다. 두 사건 모두 판사의 도덕적 직관 과 감수성이 작용해 기존 법규를 단순히 적용한 결론이 부도덕 하여 부적합하다는 것을 인식한 사례로 보입니다. 감정은 단지 우리의 이성적 판단을 방해하는 비합리적 장애물이 아니라, 가치 와 규범을 비개념적으로 파악하는 인간 실천이성의 중요한 능력 이고, 당해 사안에 기존 법규를 기계적으로 적용한 결론이 적합 하지 않음을 직관적으로 감지하는 감수성은 구체적 타당성을 실 현하는 판사의 덕목인 형평(衡平, equity)의 주요 요소입니다.

그런데 감정은 올바른 가치-법적 판단을 내리기 위해 불가결한 첫걸음이지만, 이를 그대로 따라서는 곤란하고 그렇게 느낄 이유가 있는지 개념적으로 성찰하는 작업이 필요합니다. '의사 사위 지참금 청구소송'에서도 피고가 느꼈을 좌절감과 모욕감, 원고가 몰염치하다는 판사의 느낌 자체가 논거라기보다는, 그렇게 느끼는 것이 타당한 이유가 무엇인지, 원고가 처가로부터 지참금을 받을 자격이 없게 하는 우리 사회의 윤리와 상식, 남편의 의무와 도리의 내용이 무엇인지 명확히 설시(說示)하면 더 좋았을 것입니다. 판결문에 감정의 이유를 개념화하여 풀어 써주면서 판사 자신도 단순히 각서의 내용대로 이행하라는 명령을 넘는 자신의 결론이 정당한지 반성할 수 있고, 원고도 판사가 피고의 감정에만 편향적으로 매몰되어 내린 자의적 판결이 아님을 이해하고 승복할 수 있을 것입니다. 나아가 상소가 제기된 경우 상급심 법원이 원심에서 제시한 법리를 재검토할 수 있으며, 추후 유사한 사건을 처리하는 다른 판사에게도 참고 자료가 될 것입니다. 판사의 직관과 감정에서 출발하되 그 근거를 개념화하여 법리를 전개하면, 당해 사건을 타당하게 해결할 뿐만 아니라 관련 법규의 내용을 발전시켜 우리 판례법의 형성에도 기여할 수 있겠습니다.

마사 누스바움도 개별 사안에서 당사자들이 각기 처한 다양하고 특수한 상황을 섬세하게 판별해내는 공감력과 상상력이 필요함을 강조하면서도, 신중한 관찰자(judicious spectator)로서의 판사는 고통이나 분노와 같은 감정이 그 상황에서 합리적인 사람이라면 누구나 느낄 만한 것인지 성찰해야 한다고 《시적 정의》에서 이야기했습니다. 나아가 좋은 판결은 일반적이고 중립적인 이유에 기초해야 하고, 공적 설명 가능성(public articulability)과 원칙에 기초한 일관성(principled consistency)의 기준을 만족해야 한다고 봅니다. 저는 가능하면 판사들이 판결을 이끈 감정의 이유를 개념화하여 써주는 것이 바람직하다고 봅니다.

박형남 20년 전에는 제가 민법을 가르쳤는데, 덕분에 이 자리에서는 법철학을 배우고 있습니다. 말씀하신 '릭스 대 팔머 사건'은 저도 책에서 보았는데요. 그 사건이나 제 사건 모두 실정법에 그런 경우를 상정해서 조항을 넣었으면 쉽게 해결되는 사안이었습니다. 미국 법은 잘 모르지만, 판사가 형평에 기반을 둔 기본 원리를 성찰하고 숙고해서 윤리적으로 타당한 결론을 내는 사례가 많은 것 같습니다. 대륙법 체계에 따른 우리 법에서는 가치판단적 일반조항을 두어, 법률을 문구대로 적용하면 사회윤리적으로 현저히 부당한 결과를 초래하는 것을 막고 있지요. 민법 제2조는 "권리의 행사와 의무의 이행은 신의에 좇아 성실히 하여야 한다. 권리는 남용하지 못한다."라고 규정하고 있지요. 이 조문은 판사에게 법률이 규정하지 않은 윤리적 측면을 참작해서 법규범의 본래적 적용을 배제할 권한을 부여합니다. 이 사건에서 저는 민법이 규정한 배우자의 부양·동거·협력·정조의무를 들은 후 그런 의무는 전혀 이행하지 않은 채 증여 약정상 권리만 주장하는 것은, '수증자의 망은행위로 인한 증여계약의 해제'를 규정한 법 조항(민법 제556조 제1항)의 기초가 되는 우리 사회의 건전한 윤리와 상식에 어긋나고, 인간관계와 정을 배려해서 법적 구속력과 수증자의 권리를 부여한 법의 진정한 취지에 어긋나므로 받아들일 수 없다고 판결했습니다. 그리고 이런 이치를 당사자가 쉽게 이해할 수 있도록 "남편으로서의 의무와 도리를 다하지 않은 원고는 처가로부터 지참금을 받을 자격이 없다."라고 덧붙였습니다.

이 사건에서 저는 결혼할 무렵 처가가 사위에게 지참금을 주는 게 사회적으로 어떤 의미인지, 약속을 믿지 못하고 지참금을 주기로 서면으로 약정한 상황은 어떤지, 그 약정이 당사자에게 어떤 감정을 불러일으키는지에 대해 나름대로 생각한 것을 판결문에 적었습니다. 아울러 남편은 여러 행위를 통해 아내를 인생의 고락을 함께하며 헤쳐나갈 동반자로서 전인격적으로 대우한 것이 아니라 결혼 기간 내내 그리고 혼인 생활이 파탄된 후에도 생활을 풍족하게 하는 수단으로 삼았는데, 이로써 아내는 좌절감과 모욕감을 느꼈고 남편은 사람으로서 지켜야 할 예의를 지키지 않았으므로 염치가 없다고 적었습니다. 마지막으로 아직까지 못된 남편에게 미련을 버리지 못한 아내가 안타까워 판사로서 공감하는 마음을 드러냈습니다. 그동안 우리 법학계에서 재판에서 고려할 감정은 무엇이고 어떻게 대우할 것인지에 대해서는 전혀 가르치고 배우지 않았지요. 재판할 무렵 저는 맹자의 '인의 예지(仁義禮智)'를 생각했습니다. 교수님이 말씀하신 대로 이 부분에 대해서는 마사 누스바움의 《시적 정의》가 좋은 해설을 제공해주었는데요. 그 재판을 할 때 알았더라면 감정의 이유와 윤리를 좀 더 설득력 있게 성찰하고 표현하지 않았을까 아쉬움이 남습니다.

저도 어떤 사건에서는 논증뿐만 아니라 판결문에 공감하는 마음을 표현하는 것도 필요하다고 생각합니다. 사람은 이성을 갖고 있지만 그보다 먼저 몸과 마음으로 체험하고 느끼는 감성적인 존재라고 생각합니다. 어떤 시인은 "흔들리지 않고 피는 꽃이 어디 있으랴."라고 읊었지요. 치열한 삶의 현장에서 치이고 억눌리고 고통 받은 사람이 법원의 문을 두드릴 때, 시인의 마음으로 처지를 이해하고 공감하는 태도가 좋은 결론도 도출하면서 그 사람을 부축해 일어서게 하는 데 도움이 된다고 생각합니다. 그런데 교수님은 판사에게 판결을 이끈 감정의 이유를 개념화하고 명시해서 정당화해야만 자신의 직관적 가치판단에 따라 판결할 수 있다는 주장은 지나친 요구가 아닌가요. 어떤 것이 음란물인지 말로 설명할 수는 없지만 척 보면 직감적으로 알 수 있다고 고백한 미국 연방 대법관이 떠오릅니다. 구체적 타당성을 도모하고 형평의 덕을 계발하고 발휘하는 데 제약이 되지 않을지 걱정됩니다.

김현섭 예, 헌법 제103조에 의해 법관은 헌법과 법률에 부합하는 한 자신의 가치판단에 따라 판결할 권한을 가지고 있습니다. 또한 말씀대로 신의 성실의 원칙, 권리 남용 금지의 원칙과 같은 일반조항을 두고 있어, 왜 신의 성실에 어긋나거나 권리 남용에 해당하는지 그 이유를 명시적으로 기재하지 않고, 판사가 사안을 보며 느낀 감정, 즉 비개념적 가치판단이나 직관에 따라 그렇다는 결론만 내려도 법적으로 문제가 있는 것은 아닙니다. 하지만 판사의 감정 자체는 이유가 될 수 없고, 단지 감정이나 직관에 따라 결론을 내리는 것보다 그 이유를 성찰하여 판결문에 명시하면, 당사자와 다른 판사들의 이해와 설득에 도움이 되고 법리 발전에도 기여할 수 있어 더 바람직하다는 것입니다. 책에서 간략히 소개해주신 '의사 사위 지참금 청구소송'보다 자세한 판결문 내용에 대해 설명을 들으니 충분히 이유를 제시하셔서 불필요한 걱정은 하지 않아도 되겠습니다.

말씀해주신 '음란물'은 흥미로운 사례입니다. 설명하는 게 쉬운 일은 아니지만 판사가 보기에 음란하니 허용될 수 없다고 단정하는 것보다, 어떤 이유에서 음란해 나쁜지 설명하다 보면 규제 근거가 정교하게 발전할 수도 있을 것입니다. 그러다 보면, 예를 들어 단지 노골적인 성애물(erotica)과 폭력적이거나 여성을 비하하는 포르노물(pornography)을 구별할 수 있고, 전자도 후자와 마찬가지로 금지해야 할지 함께 생각해볼 계기가 될 수도 있습니다. 특히 새로운 법리를 발전시키는 대법원 판결과 법률이 위헌임을 논증하는 헌법재판소 결정은 그 이유가 명확하고 설득력 있게 제시되어야 할 것입니다.

다수의 선호에 따라 법률의 내용을 결정하는 국회나 강제력을 동원하여 이를 집행하는 행정부와 달리, 사법부는 공권력을 행사하면서도 왜 그것이 정당한지 합리적 이유를 들어 국민을 설득해야 합니다. 인간의 보편적 이성(reason)에 따라 국민을 설득할 수 있는 이유(reason)를 제시하기 때문에, 선출되지 않았음에도 강제력을 동반하여 국민의 자유를 제한하는 중요한 결정을 내릴 수 있기 때문입니다.

격무에 시달리면서 이유를 자세히 설시하는 것은 분명 쉽지 않은 일이지만, 판사님이 책에서 보여주신 성찰과 표현 능력을 보면 판결문의 이유가 합리적 논변의 장(場)이자 정책에 대한 국민적 토론의 계기가 될 수 있겠다는 기대를 여전히 가집니다. 판사에게는 스스로를 겸손하게 돌아보는 능력이 필수적이라고 생각하는데요. 판사님은 판사의 일상생활과 사고방식을 비판적으로 돌아보신 계기가 무엇이었나요?

박형남 15년 전 우연히 동네 서점에 들렀다가 고미숙 선생의 《열하일기, 웃음과 역설의 유쾌한 시공간》이라는 책을 만났습니다. 연암 박지원의 글과 정신의 핵심을 유머와 우정, 유목(노마드)으로 잡아내 기운생동하게 펼쳐낸 책이지요. 고미숙은 연암이 걸은 길의 정반대를 이렇게 적었는데, 바로 그 모습은 법학도이자 판사인 내가 걸어온 길이라고 느꼈습니다.

"만물이 만들어내는 무수한 차이들에 눈감은 채 한 가지 고정된 형상으로 가두려는 모든 시도. 한 번 학문이라는 영역을 싸잡아 쥐면 보루를 견고하게 만들어놓고는 때때로 여러 사람의 말을 바꿔치기해 자신의 깃발을 새것처럼 꾸미는 것. 오직 주어진 방향으로만 가야 하는 홈 파인 공간. 고정된 하나의 틀로 천만 편의 글을 찍어내는 바로 그 과문(科文)."[1]

이 책은 법서만 읽은 '멍청이 판사'의 얼어붙은 인문학적 감수성을 깨우면서 머릿속에 선명한 흔적을 남겼지요. 어떻게 사는 것이 잘 사는 것인가를 화두로 삼아서, 주말만 되면 국립도서관에 가서 문·사·철을 공부하고 사회과학 서적도 섭렵했습니다. 얼마 후 이런 공부가 좋은 재판을 하는 데도 도움이 되겠다고 생각했는데요. 동료 판사를 보면 〈화성에서 돌아온 판사〉에서 묘사한 모습이 떠올랐습니다. 솔직히 말해서 이 책은 기본적으로 시민을 독자로 삼았지만, 법조인도 느끼는 게 있을 거라고 생각합니다.

법의 사회적 역할은 무엇인가

<u>휴머니스트</u> 우리 사회에서 법을 바라보는 관점은, 사회적인 문제를 해결하는 과정에서 법이 꼭 필요하다는 입장과 너무 많은 것

이 사법적인 차원으로 수렴되어 문제라는 입장이 있다고 생각합니다. 두 분은 어떻게 생각하시나요?

박형남 재판만 해온 사람이 후자의 입장을 취한다면 자기모순 아닌가요. 먼저 개인적인 문제를 해결하는 데 법이 필요하다는 것부터 말하지요. 우리는 사람이 자기 욕망에 따라 행복을 추구하는 것이 옳다고 생각하는데, 경쟁하면서 일어나는 사적 분쟁은 사법절차로 해결해야 합니다. 사회적인 문제는 민주주의 국가이므로 큰 의제(아젠다)는 여론과 선거로, 즉 정치과정을 통해서 결정되는 것이 원칙입니다. 이 과정에서 시민운동도 필요하고 정당과 국회는 꼭 있어야 하겠지요. 문제는 다양한 사회세력과 정치세력이 치열하게 다투고 자기주장만 내세우면서 근본 쟁점에 대해 의견이 엇갈려 법을 만들지 못하는 경우지요. 예를 들면 낙태죄 폐지 문제입니다. 정치과정에서 해결되지 못한 아젠다가 사법부의 판단 영역으로 넘어오는 '정치의 사법화'는 법치주의를 채택한 세계 모든 나라에서 일어나는 보편적 현상입니다. 그것은 사법부가 헌법이 부여한 권한에 따라 입법부와 행정부를 견제한다는 헌정주의 이념에도 부합하는 것이고요.

김현섭 남용되기 쉬운 정부의 권력을 제한하여 국민의 자유를 보장하기 위해, 공권력의 행사가 사전에 공포된 명확하고 일관된 법규에 따라 안정적으로 이루어져야 한다는 것이 법치주의 (the rule of law)의 이념입니다. 사회적인 문제를 해결하기 위해 공권력 행사가 필요한 경우 그것이 법률에 의하는 것은 당연한 일입니다. 론 풀러(Lon L. Fuller, 1902~1978)와 프리드리히 하이에크 (Friedrich Hayek, 1899~1992)를 비롯한 여러 학자가 설명했듯이, 법치주의가 확립되어야 국민 개개인이 능동적이고 자율적으로 행위하고 그에 대해 책임지는 주체로 생활할 수 있습니다. 정부가 특정한 정책 목표를 달성하기 위해 국민의 삶에 함부로 개입하는 것이 아니라 법치주의 원리를 준수해야, 계획을 세우고 그 실현을 추구하는 국민을 존엄한 인간으로 존중하는 것이고, 자발적 협력이 수월해져 사회가 번영하고 국민의 삶의 질이 향상된다는 것이 경험적으로도 입증되고 있습니다.

법원은 행정부의 명령·규칙·처분이 적법한지 판단할 권한을 가지고(헌법 제107조 2항), 정부 권력이 자의적으로 행사되지 않는지 감시할 책무를 집니다. 헌법재판소도 국회가 제정한 법률이 국민의 기본권을 지나치게 제약해 헌법에 위반되지 않는지, 탄핵 소추나 정당 해산의 제소가 합당한지, 국가기관과 지방자치단체의 권한이 어떻게 배분되어야 하는지 등을 심판할 권한을 가집니다(헌법 제111조 1항). 그에 따라 정치적 분쟁이 사법부의 심사를 통해 해결되는 소위 '정치의 사법화'는 문제가 아니라 우리 헌정 질서의 정상적 작동입니다. 판사님이 〈정치의 사법화, 사법의 정치화)에서 지적하셨듯이, 사법부의 정치적 중요성이 커지면 이를 당파적으로 이용하려는 압력이 커지는 게 문제입니다. 사법부는 헌법과 법률상 규칙과 그 원리, 가치를 토대로 합리적 논변을 통한 설득을 힘의 원천으로 합니다. 따라서 사법부가 정치 진영 간의 극단적인 대립과 비합리적인 양극화를 막는 자신의 헌법적 기능을 명확히 이해하고 제대로 수행함으로써, 이에 대한 국민의 지지와 신뢰를 유지하는 것이 중요하다고 봅니다.

휴머니스트 판사님은 형벌에 대해 국가와 시민이 많은 것을 기대하고 남용하는 것이 문제라고 쓰셨는데, 지금 이야기는 조금 다르게 들리는데요.

박형남 방금 말한 것은 시민의 기본권을 보호하고 사회질서를 유지하려면 법이 필요한데, 정치권력이 법을 만들지 못하거나 잘못 만들 때 사법부가 개입하는 문제고요. 국가가 개인의 행동을 규제하고 이를 어기는 경우 형벌로 다스리는 문제는 조심스럽고 섬세하게 행사되어야 한다는 것과는 다르지요. 국가가 형성되면 내부 혼란을 막고 질서를 유지하는 것이 선결과제인데, 1단계에서는 형사법과 검사가 중요합니다. 그다음에는 재산상 분쟁을 공정하게 해결하는 것이 국가의 중요 임무인데, 2단계에서는 민사법과 판사가 중요합니다. 마지막으로 국가는 사회통합을 이루고 소수자의 권리도 보호해야 하는데, 3단계에서는 헌법이 잘 작동해야 합니다. 사람들은 서로 고소·고발을 남발하고, 국가는 행정 규제로 충분할 사안도 형벌로 다스리고, 언론은 시민의 보복 감정을 자극하며 중형을 촉구합니다. 이럴수록 법조인은 "삼가고 삼가는 일이야말로 형벌을 다스리는 근본"이라는 다산 선생의 말씀을 곱씹어야 한다고 생각합니다.

지금 여기에서 법원의 미래를 생각한다

<u>김현섭</u> 사회의 여러 분야에서 인공지능이 활용되어 업무의 모습이 달라지고 있는데, 법원 업무는 어떻게 바뀔 것으로 예상하시나요?

<u>박형남</u> 30여 년 전 이야기를 해보지요. 그때는 사람이 일일이 종이에 친필로 쓰거나 타자로 쳐서 서류를 작성했고, 500쪽씩 묶어서 사건 기록을 만들었습니다. 법서나 판례도 책으로 정리된 것만 있었지요. 지금은 기록도 전자문서로 작성하고 판례나 논문도 내부 전산망으로 쉽게 열람할 수 있습니다. 판사가 결론을 내릴 때 수학 공식처럼 법을 기계적으로 적용하는 데 그치지 않습니다. 재판은 규칙화할 수 없는 실천적 지혜를 요구하는 일이기 때문에, 아무리 시대 상황이 바뀌더라도 사람만 할 수 있습니다. 그동안 법리와 판례를 모두 모아놓은 빅데이터가 있다고 하더라도

그것은 기존 자료를 종합한 것일 뿐이고, 사회 상황의 변동이나 가치관의 변화를 적절하게 반영할 수 없습니다. 〈판사는 법적 안정성을 중시한다. 하지만〉에서 나오는 사례를 보더라도 AI 판사가 제 생각과 같은 결론을 내리지는 않을 겁니다. 다만 많은 양의 정보를 통계적으로 처리하는 인공지능은 판사가 자신의 업무처리가 객관적으로 합리적인지 검토하는 데 중요한 도구가 될 수 있습니다. 예를 들면 재범률에 대한 통계자료를 기초로 한 양형 알고리즘이지요. 우리 법원도 기술의 변화에 뒤지지 않도록 준비하고 있습니다.

김현섭 마지막으로 독자들에게, 후배 판사들에게 말씀해주실 게 있나요?

박형남 우리 사회는 민주화 이후 보수 대 진보 이념을 중심으로 문화전쟁이 심해지면서, 관용과 타협, 공존의 지대가 줄어들었습니다. 세계 각국 조사에서 우리 국민이 느끼는 문화전쟁의 강도는 12개 항목 중 빈부, 정당, 이념, 종교, 남녀, 세대, 학력 간 긴장 등 일곱 개에서 1위를 차지했습니다. 개인과 집단이 나름대로 가치를 추구하는 것은 바람직하지만, 사회 전체적으로 가치를 일원화하고 법으로 굳히려는 모습은 민주주의의 다양성에 반합니다. 정체성은 양보할 수 없지만, 입법에서는 양보할 수 있고 타협해야 합니다. 산업화 세력과 민주화 세력이 교대로 집권하면서 현행 법률은 종전과 비교해서 대체로 균형을 잡고 있다고 생각합니다. 누구에게나 만족스럽진 않지만, 법이 바뀌기 전까지 시민은 법을 지키고 법에 따른 재판을 믿어야 합니다. 30여 년 전 맡은 사건을 지금 다시 재판한다면 10의 9는 결론이 같을 것입니다. 하지만 고민과 생각은 깊어지고 그 흔적은 판결문에 남을 겁니다. 아마도 10의 1은 결론이 달라질 수 있습니다. 사회변동에 따른 법원의 대응, 법적 안정성과 구체적 타당성은 그렇게 지켜질 것이라고 생각합니다.

미주

1장 다른 사람의 잘못을 판단한다는 것

1 이창온, "검사의 독립성과 중립성의 상호관계", 《법률신문》, 2021년 2월 22일.

2 대법원 2020. 6. 25. 선고 2018도13696 판결.

3 김웅, 《검사내전》, 부키, 2018, 18쪽, 278~281쪽.

4 체자레 벡카리아, 《범죄와 형벌》, 이수성·한인섭 옮김, 길안사, 1995, 177쪽.

5 김호, 《정약용, 조선의 정의를 말하다》, 책문, 2013, 358쪽.

6 같은 책, 5~6쪽.

7 이해준·이유정 기자, "현직 부장판사 '성폭행 사건 무죄 판결해봤자 대법서 파기 자조 난무' 비판", 《중앙일보》, 2021년 5월 18일.

8 토머스 모어, 《유토피아》, 주경철 옮김, 을유문화사, 2007, 23쪽.

9 같은 책, 23쪽, 33쪽.

10 천종호, 《호통판사 천종호의 변명》, 우리학교, 2018, 13~14쪽.

2장 이익과 손해를 따져서 권리를 선언한다는 것

1 리히르트 다비트 프레히트, 《철학하는 철학사 2, 너 자신을 알라》, 박종대 옮김, 열린책들, 2018, 385쪽에서 재인용.

2 이준웅, 《말과 권력》, 한길사, 2011, 186~187쪽.

3 최훈, 《변호사 논증법》, 웅진지식하우스, 2010, 22~54쪽.

4 정약용, 《정선 목민심서》, 다산연구회 편역, 창비, 2005, 253쪽.

5 박주영, 《어떤 양형 이유》, 김영사, 2019, 269~270쪽.

6 대법원 1977. 9. 28. 선고 77다1137 전원합의체 판결.

7 데이비드 그레이버, 《부채, 첫 5,000년의 역사》, 정명진 옮김, 부글북스, 2021, 394쪽.

8 이용경 기자, "코로나19 여파… '개인회생 특별면책' 크게 늘었다", 《법률신문》, 2021년 7월 26일.

3장 법의 이성과 사람의 감정을 헤아린다는 것

1 서울고등법원 2011. 11. 16. 선고 2011나43015 판결.

2 서울고등법원 2019. 6. 12. 선고 2017누84077 판결.

3 박권일, "'쥐 그림' 공판 기록 보고 '빵' 터졌다", 《시사IN》, 2011년 5월 19일.

4 김지혜, 《선량한 차별주의자》, 창비, 2019, 7~11쪽.

5 최경열, 《기록자의 윤리, 역사의 마음을 생각하다》, 북드라망, 2020, 215쪽에서 재인용.

6 아리스토텔레스, 《니코마코스 윤리학》, 천병희 옮김, 도서출판 숲, 2013, 39쪽.

7 김지수 기자, "지금은 법의 지도를 읽어야 할 때… 법학자 최승필", 《조선비즈》, 2016년 7월 30일.

8 조국, "저주받으리라, 법률가여", 《시사IN》, 2014년 3월 20일.

9 미란다 판결의 자세한 내용은 박형남, 《재판으로 본 세계사》, 휴머니스트, 2018, 316~391쪽 참조.

10 서울행정법원 2020. 12. 24.자 2020아13601 결정. 그런데 본안 사건에서는 이와 다르게 적법하다고 판결했다. 서울행정법원 2021. 10. 14. 선고 2020구합88541 판결.

11 피터 스타인, 《유럽 역사에서 본 로마법》, 김기창 옮김, 일다, 2021, 12쪽.

12 대법원 2016. 2. 18. 선고 2015므654 판결.

13 전주지방법원 2017. 1. 23. 선고 2016르210 판결.

14 한승헌,《법치주의여, 어디로 가시나이까》, 삼인, 2018, 119~120쪽.

15 서울고등법원 2013. 6. 20. 선고 2012누16291 판결.

16 고종주,《재판의 법리와 현실》, 법문사, 2011, 249~250쪽

17 소크라테스 재판에 관한 자세한 내용은 박형남, 앞의 책, 14~41쪽 참조.

18 브라운 판결의 자세한 내용은 박형남, 앞의 책, 312~337쪽 참조.

4장 세상 물정에 어두운 판사가 세상사를 판단한다는 것

1 존 헨리 메리먼·로헬리오 페레스 페르도모,《대륙법 전통》, 김희균 옮김, 책과함께, 2020, 293쪽.

2 구스타프 라드브루흐,《法學의 情神》, 최종고 옮김, 종로서적, 1981, 11쪽, 105쪽, 108쪽, 109쪽.

3 한나 아렌트,《예루살렘의 아이히만》, 김선욱 옮김, 한길사, 2006, 106쪽.

4 황밍허,《법정의 역사》, 이철환 옮김, 시그마북스, 2008, 134~138쪽.

5 김병로·최대교 외,《한국 법조의 세 어른》, 한국법조삼성기념사업회, 1999, 99쪽.

6 전북대학교 법학연구소,《한국법조삼성의 생애와 법사상: 가인 김병로 선생·화강 최대교 선생·바오르 김홍섭 선생》, 개교 60주년 기념 학술대회 자료집, 2007, 139~140쪽.

7 샤를 드 몽테스키외,《법의 정신》, 이재형 옮김, 문예출판사, 2015, 133쪽.

8 알렉산더 해밀턴·제임스 매디슨·존 제이,《페더럴리스트 페이퍼》, 김동영 옮김, 한울, 1995, 458쪽.

9 한승헌, 앞의 책, 116쪽.

10 이시윤,《민사소송법입문》, 박영사, 2016, 24쪽.

11 토머스 모어 재판에 대한 상세한 내용은 박형남, 앞의 책, 66~91쪽 참조.

12 신동운 편저,《재판관의 고민: 유병진 법률논집》, 법문사, 2008, 9~200쪽.

13 김병로·최대교 외, 앞의 책, 309~311쪽.

14 김우창,《법과 양심》, 에피파니, 2017, 320~321쪽.

15 정인진, 《이상한 재판의 나라에서》, 교양인, 2021, 20쪽.

16 세기 히로시, 《절망의 재판소》, 박현석 옮김, 사과나무, 2014, 191~207쪽, 64~74쪽.

17 김우창, 앞의 책, 328~329쪽.

18 박일환, "[나도 유튜버] '차산선생' 박일환 전 대법관", 《법률신문》, 2021년 1월 4일.

19 존 헨리 메리먼·로헬리오 페레스 페르도모, 앞의 책, 6쪽.

대담_시인의 마음으로 공감하는 판사가 좋은 재판을 한다

1 고미숙, 《열하일기, 웃음과 역설의 유쾌한 시공간》, 북드라망, 2013, 317쪽, 264쪽, 473쪽, 50쪽.

법정에서 못다 한 이야기

판사에게는 당연하지만 시민에게는 낯선 법의 진심

1판 1쇄 발행일 2021년 11월 8일
1판 4쇄 발행일 2023년 6월 26일

지은이 박형남

발행인 김학원
발행처 (주)휴머니스트출판그룹
출판등록 제313-2007-000007호(2007년 1월 5일)
주소 (03991) 서울시 마포구 동교로23길 76(연남동)
전화 02-335-4422 **팩스** 02-334-3427
저자·독자 서비스 humanist@humanistbooks.com
홈페이지 www.humanistbooks.com
유튜브 youtube.com/user/humanistma **포스트** post.naver.com/hmcv
페이스북 facebook.com/hmcv2001 **인스타그램** @humanist_insta

편집주간 황서현 **편집** 김주원 임미영 **디자인** 이수빈
조판 희수com. **용지** 화인페이퍼 **인쇄·제본** 정민문화사

ⓒ 박형남, 2021

ISBN 979-11-6080-724-0 03300